Mes confitures

DU MÊME AUTEUR

- ❖ LA PÂTISSERIE
- ❖ MES TARTES SUCRÉES ET SALÉES
- ❖ MES CONFITURES

Christine Ferber

Mes confitures

AVEC LA COMPLICITÉ
DE GILLES ET LAURENCE LAURENDON

Éditions J'ai lu

À Frédérich et Pierre Hermé.
À ma famille.

SOMMAIRE

ÉTÉ

AUTOMNE

HIVER

LA FÉE DES CONFITURES

Tous les gourmands connaissent aujourd'hui Christine Ferber, la « fée des confitures ». Cette jeune femme, maître pâtissier-confiseur, vit et travaille dans son petit village natal de Niedermorschwihr, en Alsace. Elle a su conquérir, avec ses confitures et ses aigres-doux, les plus grands chefs : Alain Ducasse, la maison Troisgros, Antoine Westermann… Aujourd'hui, ses confitures sont connues en Allemagne, en Belgique, et même au Japon. Christine est une artiste et une passionnée. Elle fait ses confitures en choisissant elle-même ses fruits auprès des agriculteurs de sa région. Les promeneurs lui apportent des paniers de mûres, de framboises sauvages ou d'églantines. Les pommes sauvages, les fleurs d'acacia ou les pétales de roses, Christine les cueille elle-même. Elle n'utilise que des fruits de saison et cuit ses confitures par petites quantités : jamais plus de quatre kilos à la fois. Cette virtuose des saveurs nous a offert son cahier de recettes. Confiture de griottes et de pommes à la menthe fraîche, gelée de pomme à la fleur d'acacia, cassis au pinot noir, châtaignes et noix… Mais aussi ses dernières créations, comme la confiture de coings, oranges et cardamome, ou la confiture de l'An neuf…

Classiques ou audacieuses, ces recettes sont expliquées avec simplicité et feront le bonheur de tous les amateurs de douceurs.

Le génie n'est qu'une longue patience !

Gilles et Laurence LAURENDON

Mes confitures

... la confiture est aussi l'école
de la patience.

Jean-Pierre COFFE

LES FRUITS

La plupart des fruits que j'emploie sont cueillis dans les vergers ou les bois alsaciens. La récolte se fait le matin, après la rosée et avant le soleil trop ardent, ou bien en fin d'après-midi. Les fruits cueillis sous le soleil ou sous la pluie ne feront jamais de bonnes confitures : les uns parce qu'ils seront gorgés d'eau, les autres parce que la chaleur aura exalté leur parfum et ramolli leur chair.

Les fruits sont à juste maturité lorsqu'ils ne présentent aucune résistance à la cueillette. À ce moment-là, ils offrent un bel équilibre en acidité et en pectine, qui favorise la prise de la confiture. J'utilise toujours des fruits frais, bien parfumés, sains, et qui ne présentent aucune meurtrissure. Qu'ils soient cueillis dans les bois, dans les jardins ou dans les vergers, qu'ils soient achetés chez les producteurs ou au marché, une seule règle : qu'ils soient beaux et d'un goût parfait.

L'idéal est de les travailler quelques heures après la cueillette, au plus tard le lendemain (et dans ce cas, il faudra les conserver au frais), car ils perdent vite de leurs qualités. Je les cuis de préférence par petites quantités. Je ne mets jamais plus de quatre kilos de fruits dans une même bassine : les petites cuissons préservent la couleur naturelle et la texture du fruit.

Pour toutes les macérations et les cuissons, j'emploie un jus de citron. Le mélange fruits/sucre/jus de citron doit se faire rapidement afin que les fruits ne s'oxydent pas et qu'ils gardent leur couleur. La pointe d'acidité du citron relève le goût du fruit et active le pouvoir gélifiant de la pectine qu'il contient. Les macérations et cuissons sont versées dans des terrines que je couvre d'une feuille de papier sulfurisé. Ainsi, les fruits sont immergés dans le sirop et ils ne brunissent pas en surface.

LE SUCRE ET LA CUISSON

Faire des confitures, c'est avant tout conserver les fruits grâce au sucre. Pour obtenir la meilleure conservation, la confiture doit contenir 65 % de sucre. Sachant qu'il y a déjà 10 % à 15 % de sucre dans le fruit, on ajoutera donc dans chaque cuisson un poids de sucre plus ou moins égal à celui du fruit. Si vous utilisez des fruits à plus grande maturité, vous réduirez la quantité de sucre. Je choisis toujours du sucre cristallisé de belle qualité, blanc et brillant. Très souvent, je pratique une macération, puis une cuisson en plusieurs temps. Ainsi, le sucre imprègne le fruit en douceur et préserve sa texture.

Dans certaines recettes, on terminera la cuisson des fruits en les plongeant dans un sirop. Ce sirop est un mélange de sucre et de jus de macération plus ou moins concentré par l'ébullition. Vous contrôlerez éventuellement le degré de concentration au thermomètre. Ce type de cuisson est une variante qui permet de préserver la texture du fruit.

La gelée de pomme apporte la pectine, indispensable à la gélification des fruits qui en manquent naturellement. Comme par exemple les poires, les cerises et les griottes. Dans certaines confitures de fruits rouges, on peut aussi utiliser de la gelée de groseille à la place de la gelée de pomme. Vous pouvez aussi obtenir une confiture bien gélifiée en prolongeant simplement la cuisson.

La confiture sera alors plus sucrée, la texture des fruits un peu moins belle, et sa couleur caramélisée.

Dans mes recettes, je conseille de faire bouillir la confiture pendant cinq minutes. Et pour obtenir une consistance parfaite, il faut vérifier la nappe : la confiture doit marquer 105 °C au thermomètre et si vous n'avez pas de thermomètre, déposez quelques gouttes de confiture sur une assiette froide et vérifiez sa consistance. Si la confiture ne gélifie pas, vous pouvez prolonger la cuisson. Avec un peu de pratique, vous n'aurez même plus besoin de ces repères. Vous saurez reconnaître au coup d'œil le moment où la cuisson est arrivée à son terme et où il faut mettre la confiture en pots. Vous observerez que l'évaporation diminue sensiblement. Il n'y a plus d'écume à la surface, les fruits sont immergés dans le sirop et les bouillons s'amenuisent. Je vous explique ici ma manière de faire. Avec le temps et la pratique, vous affinerez vous-même votre tour de main. Et bientôt vous laisserez parler votre imagination et mêlerez des saveurs inattendues. Dites-vous bien que deux confitures ne se ressemblent jamais. D'une année à l'autre, d'une cuisson à l'autre, liquides ou bien un peu plus fermes, elles seront toutes différentes, et c'est ce qui fait leur charme.

Une confiture est toujours une création !

LE MATÉRIEL

J'utilise toujours une bassine en cuivre. Elle garantit à la cuisson une parfaite répartition de la chaleur. Cette bassine est plus large que haute, ce qui permet une meilleure évaporation de l'eau des fruits. Il ne faut l'utiliser que pour les cuissons de confitures. Ne faites jamais macérer vos fruits dans la bassine en cuivre, ils s'oxyderaient.

Vous pouvez aussi utiliser un grand faitout en inox, mais les fruits ont tendance à attacher au fond. Il faudra être plus vigilant encore !

L'écumoire est en acier inoxydable. Elle sert bien sûr à écumer, mais aussi à remuer doucement la confiture, à vérifier la cuisson du sirop, à retirer les épices de la bassine et, à la fin de certaines cuissons, à prélever les fruits qui seront répartis dans les pots.

J'ai une cuillère en bois qui ne sert qu'à la confection de mes confitures.

La louche en inox me permet de remplir les pots.

Un économe et un couteau de cuisine inoxydables sont indispensables à la préparation des fruits.

Il faut aussi :

• une planche à découper

• une passoire à pieds, qui sert à rincer et égoutter les fruits

• un moulin à légumes avec un jeu de grilles, utile pour retirer les pépins et les peaux dans certaines préparations

• une casserole en métal inoxydable pour blanchir les zestes de fruits

- un couvercle s'adaptant à la bassine à confiture
- deux terrines pour recueillir les fruits épluchés, les jus pour les gelées, les sirops de cuisson, et pour faire macérer certaines préparations avant cuisson
- une balance de cuisine pour peser les ingrédients
- un chinois fin et une étamine pour filtrer le jus des gelées
- un tamis de soie large pour égoutter les fruits après une première cuisson
- une mousseline ou un carré de gaze pour former le nouet qui renfermera les pépins ou les noyaux
- un mixeur
- un presse-citron
- un zesteur
- un casse-noix
- des feuilles de papier sulfurisé pour couvrir vos préparations
- deux torchons de cuisine
- un thermomètre à sucre gradué jusqu'à 200 °C
- un entonnoir à confiture pour remplir plus facilement les pots
- des pots à confiture
- des couvercles à pas de vis
- des étiquettes.

MISE EN POTS ET CONSERVATION DES CONFITURES

J'emploie des pots classiques, en verre, à pans extérieurs côtelés. Ils doivent être en parfait état et sans ébréchure. Ils se ferment très simplement, avec un couvercle à pas de vis.

Avant de préparer une confiture, je stérilise mes pots, soit en les plongeant quelques minutes dans l'eau bouillante, soit en les passant au four à 110 °C pendant cinq minutes.

Dès que la confiture est cuite, je remplis ces pots à l'aide de la petite louche et de l'entonnoir à confiture. Je les remplis à ras bord. S'il y a une coulure, il faut soigneusement l'essuyer. Je ferme ensuite les pots à chaud, et je les retourne.

Puis j'attends qu'ils soient refroidis pour les étiqueter et les ranger dans un endroit sec, frais et à l'abri de la lumière.

Printemps

Carottes printanières et cannelle

- ❖ 1,300 KG DE CAROTTES, SOIT 1 KG NET
- ❖ 500 G D'EAU (50 CL)
- ❖ 800 G DE SUCRE CRISTALLISÉ
- ❖ 1 JUS DE CITRON
- ❖ 1 BÂTON DE CANNELLE

Lavez les carottes, épluchez-les en ayant soin de bien enlever les parties vertes du cœur, qui sont dures et amères.

Râpez les carottes à la grille fine. Dans une bassine à confiture, mélangez les carottes à l'eau. Portez à ébullition et maintenez la cuisson à feu doux pendant vingt minutes environ en remuant de temps en temps. Au bout de ces vingt minutes, il ne restera plus d'eau dans votre bassine et les carottes seront moelleuses. Ajoutez le sucre, le bâton de cannelle et le jus de citron. Portez à nouveau à ébullition en remuant délicatement. Maintenez la cuisson pendant dix minutes en remuant toujours. Écumez s'il y a lieu. Retirez le bâton de cannelle qui décorera les facettes de vos pots. Redonnez un bouillon. Vérifiez la nappe. Mettez votre confiture en pots aussitôt et couvrez.

Carottes, oranges et cardamome

- ❖ 1,300 kg de carottes, soit 1 kg net
- ❖ 1 kg de sucre cristallisé
- ❖ 3 pointes de couteau de zeste finement râpé d'une orange non traitée
- ❖ 250 g de jus d'orange (25 cl)
- ❖ 1 jus de citron
- ❖ 5 g de cardamome

Lavez les carottes, épluchez-les en ayant soin de bien enlever les parties vertes du cœur, qui sont dures et amères.

Râpez les carottes à la grille fine. Dans une bassine à confiture, mélangez les carottes, le sucre, le zeste d'orange, le jus d'orange, le jus de citron et la cardamome. Portez au frémissement. Versez cette cuisson dans une terrine. Couvrez d'une feuille de papier sulfurisé et réservez au frais pendant une nuit. Le lendemain, portez cette préparation à ébullition et maintenez la cuisson à feu doux pendant dix minutes environ en remuant délicatement. Écumez soigneusement. Redonnez un bouillon. Vérifiez la nappe. Mettez votre confiture en pots aussitôt et couvrez.

Ce mariage carotte-cardamome est inspiré d'un délicieux dessert indien. Dans cette recette, les carottes garderont une texture de légume mi-cuit, alors que dans la recette « carottes et cannelle » la texture sera celle d'une purée.

Cerises blanches framboisées

- ❖ 1,250 KG DE CERISES BLANCHES NAPOLÉON,
  SOIT 1 KG NET
- ❖ 250 G DE FRAMBOISES
- ❖ 50 G D'EAU (5 CL)
- ❖ 950 G DE SUCRE CRISTALLISÉ
- ❖ 1 JUS DE CITRON
- ❖ 200 G DE GELÉE DE POMME VERTE

Rincez les cerises blanches à l'eau fraîche et séchez-les dans un torchon. Équeutez-les et dénoyautez-les. Mélangez-les dans une terrine avec le sucre et le jus de citron. Après une heure de macération, versez cette préparation dans une bassine à confiture et portez au frémissement. Versez dans une terrine. Couvrez les fruits d'une feuille de papier sulfurisé et réservez au frais pendant une nuit.

Le lendemain, portez les framboises et l'eau à ébullition dans une casserole couverte et laissez éclater les fruits à feu doux pendant cinq minutes. Recueillez le jus en versant la préparation dans un chinois fin puis en le filtrant à l'étamine.

Passez la cuisson de cerises blanches dans un tamis de soie. Versez le jus recueilli dans une bassine à confiture. Ajoutez la gelée de pomme et le jus de framboise et portez à ébullition pendant cinq minutes. Écumez soigneusement. Ajoutez alors les cerises. Portez à nouveau à ébullition pendant cinq minutes en remuant délicatement. Écumez encore s'il y a lieu. Vérifiez la nappe. Mettez votre confiture en pots aussitôt et couvrez.

Confiture de Madame : cerises blanches à la rose

❖ 1,250 KG DE CERISES BLANCHES NAPOLÉON,
   SOIT 1 KG NET
❖ 900 G DE SUCRE CRISTALLISÉ
❖ 1 JUS DE CITRON
❖ 200 G DE GELÉE DE POMME VERTE
❖ 100 GOUTTES D'EAU DE ROSE
❖ DEUX POIGNÉES DE PÉTALES DE ROSES SÉCHÉES
   NON TRAITÉES

Rincez les cerises blanches à l'eau fraîche et séchez-les dans un torchon. Équeutez-les et dénoyautez-les. Mélangez-les dans une terrine avec le sucre et le jus de citron. Après une heure de macération, versez cette préparation dans une bassine à confiture et portez au frémissement. Versez dans une terrine. Couvrez les fruits d'une feuille de papier sulfurisé et réservez au frais pendant une nuit.

Le lendemain, passez la cuisson de cerises blanches dans un tamis de soie. Versez le jus recueilli dans une bassine à confiture. Ajoutez la gelée de pomme et portez à ébullition pendant cinq minutes. Écumez soigneusement. Ajoutez les cerises. Portez à nouveau à ébullition pendant cinq minutes en remuant délicatement. Écumez encore s'il y a lieu. Vérifiez la nappe. Ajoutez l'eau de rose et les pétales. Mettez votre confiture en pots aussitôt et couvrez.

Confiture de Monsieur : cerises et framboises au kirsch

- ❖ 1,250 KG DE CERISES NOIRES, SOIT 1 KG NET
- ❖ 250 G DE FRAMBOISES, SOIT 200 G NET
- ❖ 900 G DE SUCRE CRISTALLISÉ
- ❖ 1 JUS DE CITRON
- ❖ 200 G DE GELÉE DE POMME VERTE
- ❖ 30 G DE KIRSCH (3 CL)

Rincez les cerises à l'eau fraîche et séchez-les dans un torchon. Équeutez-les et dénoyautez-les. Mélangez-les dans une terrine avec le sucre et le jus de citron. Après une heure de macération, versez cette préparation dans une terrine. Couvrez les fruits d'une feuille de papier sulfurisé et réservez au frais pendant une nuit.
Le lendemain, passez les framboises au moulin à légumes (grille fine).
Versez la préparation de cerises noires dans un tamis de soie. Versez le jus recueilli dans une bassine à confiture. Ajoutez la gelée de pomme et la pulpe de framboise. Portez à ébullition pendant cinq minutes. Écumez soigneusement. Ajoutez alors les cerises noires. Portez à nouveau à ébullition cinq minutes en remuant délicatement. Écumez encore s'il y a lieu. Vérifiez la nappe. Ajoutez le kirsch. Mettez votre confiture en pots aussitôt et couvrez.

Cerises noires

- ❖ 1,250 KG DE CERISES NOIRES, SOIT 1 KG NET
- ❖ 800 G DE SUCRE CRISTALLISÉ
- ❖ 1 JUS DE CITRON
- ❖ 200 G DE GELÉE DE POMME VERTE

Rincez les cerises à l'eau fraîche et séchez-les dans un torchon. Équeutez-les et dénoyautez-les. Mélangez-les dans une terrine avec le sucre et le jus de citron. Après une heure de macération, versez cette préparation dans une bassine à confiture et portez au frémissement. Versez dans une terrine. Couvrez les fruits d'une feuille de papier sulfurisé et réservez au frais pendant une nuit.

Le lendemain, passez la préparation dans un tamis de soie. Versez le jus recueilli dans une bassine à confiture. Ajoutez la gelée de pomme et portez à ébullition pendant cinq minutes. Écumez soigneusement.

Ajoutez alors les cerises. Portez à nouveau à ébullition cinq minutes en remuant délicatement. Écumez encore s'il y a lieu. Vérifiez la nappe. Mettez votre confiture en pots aussitôt et couvrez.

Cerises noires au pinot noir

- ❖ 1,250 KG DE CERISES NOIRES, SOIT 1 KG NET
- ❖ 900 G DE SUCRE CRISTALLISÉ
- ❖ 1 JUS DE CITRON
- ❖ 200 G DE GELÉE DE POMME VERTE
- ❖ 250 G DE PINOT NOIR (25 CL)

Rincez les cerises à l'eau fraîche et séchez-les dans un torchon. Équeutez-les et dénoyautez-les. Mélangez-les dans une terrine avec le sucre et le jus de citron. Après une heure de macération, versez cette préparation dans une bassine à confiture et portez au frémissement. Versez dans une terrine. Couvrez les fruits d'une feuille de papier sulfurisé et réservez au frais pendant une nuit. Le lendemain, passez la préparation dans un tamis de soie. Versez le jus recueilli dans une bassine à confiture. Ajoutez la gelée de pomme et portez à ébullition pendant cinq minutes. Versez le pinot noir et maintenez l'ébullition encore cinq minutes. Écumez soigneusement. Ajoutez alors les cerises. Portez à nouveau à ébullition cinq minutes en remuant délicatement. Écumez encore s'il y a lieu. Vérifiez la nappe. Mettez votre confiture en pots aussitôt et couvrez.

Pour cette recette, le pinot noir choisi est un vin peu tannique, aux arômes de fruits rouges des bois ou du verger. Ce même pinot noir peut relever une confiture de framboises, de griottes ou de myrtilles.

Cerises noires au miel d'eucalyptus et à la menthe fraîche

- ❖ 1,250 KG DE CERISES NOIRES, SOIT 1 KG NET
- ❖ 600 G DE SUCRE CRISTALLISÉ
- ❖ 200 G DE MIEL D'EUCALYPTUS
- ❖ 1 JUS DE CITRON
- ❖ 200 G DE GELÉE DE POMME VERTE
- ❖ 10 FEUILLES DE MENTHE FRAÎCHE

Rincez les cerises à l'eau fraîche et séchez-les dans un torchon. Équeutez-les et dénoyautez-les. Mélangez-les dans une terrine avec le sucre, le miel et le jus de citron. Après une heure de macération, versez cette préparation dans une bassine à confiture et portez au frémissement. Versez dans une terrine. Couvrez les fruits d'une feuille de papier sulfurisé et réservez au frais pendant une nuit.

Le lendemain, passez la préparation dans un tamis de soie. Versez le jus recueilli dans une bassine à confiture. Ajoutez la gelée de pomme et portez à ébullition pendant cinq minutes. Écumez soigneusement. Ajoutez alors les cerises. Portez à nouveau à ébullition cinq minutes en remuant délicatement. Mettez les feuilles de menthe. Écumez encore s'il y a lieu. Vérifiez la nappe. Mettez votre confiture en pots aussitôt et couvrez.

Griottes

- ❖ 1,250 KG DE GRIOTTES, SOIT 1 KG NET
- ❖ 800 G DE SUCRE CRISTALLISÉ
- ❖ 1 JUS DE CITRON
- ❖ 200 G DE GELÉE DE POMME VERTE

Rincez les griottes à l'eau fraîche et séchez-les dans un torchon. Équeutez-les et dénoyautez-les. Mélangez-les dans une terrine avec le sucre et le jus de citron. Après une heure de macération, versez cette préparation dans une bassine à confiture et portez au frémissement. Versez dans une terrine. Couvrez les fruits d'une feuille de papier sulfurisé et réservez au frais pendant une nuit. Le lendemain, passez la préparation dans un tamis de soie. Versez le jus recueilli dans une bassine à confiture. Ajoutez la gelée de pomme et portez à ébullition pendant cinq minutes. Écumez soigneusement. Ajoutez alors les griottes. Portez à nouveau à ébullition pendant cinq minutes en remuant délicatement. Écumez encore s'il y a lieu. Vérifiez la nappe. Mettez votre confiture en pots aussitôt et couvrez.

Parmi les confitures classiques, j'aime particulièrement celle aux griottes, pour son goût aigrelet. C'est aussi la première confiture que j'ai confectionnée. Les petites griottes révèlent un goût d'amande très prononcé, qui s'associe parfaitement aux petits biscuits sablés ou au pain de Gênes. Dégustez-les avec une glace au lait d'amande.

Griottes aux amandes

❖ 1,250 KG DE GRIOTTES, SOIT 1 KG NET
❖ 800 G DE SUCRE CRISTALLISÉ
❖ 1 JUS DE CITRON
❖ 200 G DE GELÉE DE POMME VERTE
❖ 150 G D'AMANDES EFFILÉES

Rincez les griottes à l'eau fraîche et séchez-les dans un torchon. Équeutez-les et dénoyautez-les. Réservez les noyaux, concassez-les et enveloppez-les d'une mousseline.

Mélangez les griottes dans une terrine avec le sucre et le jus de citron. Après une heure de macération, versez cette préparation dans une bassine à confiture avec la mousseline renfermant les noyaux et portez au frémissement. Versez dans une terrine. Couvrez les fruits d'une feuille de papier sulfurisé et réservez au frais pendant une nuit.

Le lendemain, passez la préparation dans un tamis de soie. Versez le jus recueilli dans une bassine à confiture. Ajoutez la gelée de pomme et portez à ébullition pendant cinq minutes. Écumez soigneusement.

Ajoutez alors les griottes. Portez à nouveau à ébullition pendant cinq minutes en remuant délicatement. Ajoutez les amandes effilées. Écumez encore s'il y a lieu et redonnez un bouillon, retirez la mousseline de noyaux. Vérifiez la nappe. Mettez votre confiture en pots aussitôt et couvrez.

Griottes et pommes à la menthe fraîche

- ❖ 1,250 KG DE GRIOTTES, SOIT 1 KG NET
- ❖ 800 G DE SUCRE CRISTALLISÉ + 450 G
- ❖ 800 G DE POMMES IDARED, SOIT 550 G NET
- ❖ 1 JUS DE CITRON
- ❖ 10 FEUILLES DE MENTHE FRAÎCHE

Rincez les griottes à l'eau fraîche et séchez-les dans un torchon. Équeutez-les et dénoyautez-les. Mélangez-les dans une terrine avec 800 g de sucre et le jus de citron. Après une heure de macération, versez cette préparation dans une bassine à confiture et portez au frémissement. Versez dans une terrine. Couvrez les fruits d'une feuille de papier sulfurisé et réservez au frais pendant une nuit.

Le lendemain, passez la préparation dans un tamis de soie. Versez le jus recueilli dans une bassine à confiture. Portez à ébullition pendant cinq minutes. Pendant ce temps, pelez les pommes, enlevez les queues, videz-les et coupez-les en fines lamelles. Mettez les pommes en lamelles et 450 g de sucre dans la bassine. Maintenez la cuisson à feu doux en remuant continuellement pendant cinq minutes. Écumez soigneusement. Ajoutez alors les griottes. Portez à nouveau à ébullition pendant trois minutes en remuant délicatement. Ajoutez les feuilles de menthe. Écumez encore s'il y a lieu. Vérifiez la nappe. Mettez votre confiture en pots aussitôt et couvrez.

Forêt noire : griottes et cerises noires au kirsch

- ❖ 625 G DE GRIOTTES, SOIT 500 G NET
- ❖ 625 G DE CERISES NOIRES, SOIT 500 G NET
- ❖ 800 G DE SUCRE CRISTALLISÉ
- ❖ 1 JUS DE CITRON
- ❖ 200 G DE GELÉE DE POMME VERTE
- ❖ 30 G DE KIRSCH (3 CL)

Rincez les griottes et les cerises noires à l'eau fraîche et séchez-les dans un torchon. Équeutez-les et dénoyautez-les. Mélangez-les dans une terrine avec le sucre et le jus de citron. Après une heure de macération, versez cette préparation dans une bassine à confiture et portez au frémissement. Versez dans une terrine. Couvrez les fruits d'une feuille de papier sulfurisé et réservez au frais pendant une nuit.
Le lendemain, passez la préparation dans un tamis de soie. Versez le jus recueilli dans une bassine à confiture. Ajoutez la gelée de pomme et portez à ébullition pendant cinq minutes. Écumez soigneusement. Ajoutez alors les griottes et les cerises noires. Portez à nouveau à ébullition cinq minutes en remuant délicatement. Écumez encore s'il y a lieu. Vérifiez la nappe. Ajoutez le kirsch. Mettez votre confiture en pots aussitôt et couvrez.

Fraises gariguettes

❖ 1,100 KG DE FRAISES GARIGUETTES, SOIT 1 KG NET
❖ 800 G DE SUCRE CRISTALLISÉ
❖ 2 JUS DE CITRON

Passez rapidement les fraises sous l'eau fraîche. Séchez-les dans un torchon et équeutez-les.

Laissez macérer ces fraises avec le jus de citron et le sucre dans une terrine couverte d'une feuille de papier sulfurisé pendant une nuit.

Le lendemain, portez cette préparation au frémissement dans la bassine à confiture. Puis versez dans une terrine. Couvrez d'une feuille de papier sulfurisé et réservez au frais pendant une nuit.

Le troisième jour, versez cette préparation dans un tamis de soie. Portez le sirop recueilli à ébullition pendant dix minutes environ. Il doit se concentrer à 105 °C au thermomètre, c'est-à-dire au petit perlé. Écumez soigneusement. Ajoutez les fraises à demi confites. Redonnez un bouillon de cinq minutes en remuant délicatement. Écumez à nouveau. Vérifiez la nappe. Les fraises seront alors translucides, comme confites.

Mettez votre confiture en pots aussitôt et couvrez.

Fraises maras des bois et fraises des bois

- ❖ 1,100 KG DE FRAISES MARAS DES BOIS, SOIT 1 KG NET
- ❖ 250 G DE FRAISES DES BOIS
- ❖ 1 KG DE SUCRE CRISTALLISÉ
- ❖ 1 JUS DE CITRON

Passez rapidement les fraises maras sous l'eau fraîche. Séchez-les dans un torchon et équeutez-les.

Laissez macérer ces fraises avec le jus de citron et le sucre dans une terrine couverte d'une feuille de papier sulfurisé pendant une nuit.

Le lendemain, portez cette préparation au frémissement avec les fraises des bois. Puis versez cette cuisson dans une terrine. Couvrez d'une feuille de papier sulfurisé et réservez au frais pendant une nuit.

Le troisième jour, versez cette préparation dans un tamis de soie. Portez le sirop recueilli à ébullition pendant dix minutes environ. Il doit se concentrer à 105 °C au thermomètre, c'est-à-dire au petit perlé. Écumez soigneusement. Ajoutez les fraises à demi confites mêlées aux fraises des bois. Redonnez un bouillon de cinq minutes en remuant délicatement. Écumez à nouveau. Vérifiez la nappe. Les fraises seront alors translucides, comme confites.

Mettez votre confiture en pots aussitôt et couvrez.

Au lieu de faire une confiture avec seulement des fraises des bois, toujours un peu âcres après cuisson à cause des nombreux pépins, je préfère leur associer la fraise mara, qui exhale le même délicat parfum de fraise des bois.

Fraises au poivre noir et à la menthe fraîche

- ❖ 1,100 KG DE FRAISES, SOIT 1 KG NET
- ❖ 800 G DE SUCRE CRISTALLISÉ
- ❖ 1 JUS DE CITRON
- ❖ 5 FEUILLES DE MENTHE FRAÎCHE
- ❖ 5 GRAINS DE POIVRE NOIR FRAÎCHEMENT PASSÉS AU MOULIN

Passez rapidement les fraises sous l'eau fraîche. Séchez-les dans un torchon et équeutez-les.

Laissez macérer ces fraises avec le jus de citron et le sucre dans une terrine couverte d'une feuille de papier sulfurisé pendant une nuit.

Le lendemain, portez cette préparation au frémissement dans la bassine à confiture. Puis versez dans une terrine. Couvrez d'une feuille de papier sulfurisé et réservez au frais pendant une nuit.

Le troisième jour, versez cette préparation dans un tamis de soie. Portez le sirop recueilli à ébullition pendant dix minutes environ. Il doit se concentrer à 105 °C au thermomètre, c'est-à-dire au petit perlé. Écumez soigneusement. Ajoutez les fraises à demi confites, la menthe fraîche et le poivre concassé. Redonnez un bouillon de cinq minutes en remuant délicatement. Écumez à nouveau. Vérifiez la nappe. Les fraises seront alors translucides, comme confites. Mettez votre confiture en pots aussitôt et couvrez.

Gelée de fraise et groseille aux fraises confites et au poivre

- 1,100 kg de fraises, soit 1 kg net
- 900 g de sucre cristallisé + 400 g
- 2 jus de citron
- 900 g de groseilles, soit 750 g de baies ou 500 g de jus (50 cl)
- 100 g d'eau (10 cl)
- 5 grains de poivre fraîchement passés au moulin

Passez rapidement les fraises sous l'eau fraîche. Séchez-les dans un torchon et équeutez-les.

Laissez macérer ces fraises avec un jus de citron et 900 g de sucre dans une terrine couverte d'une feuille de papier sulfurisé pendant une nuit.

Le lendemain, portez cette préparation au frémissement dans la bassine à confiture. Puis versez dans une terrine. Couvrez d'une feuille de papier sulfurisé et réservez au frais pendant une nuit.

Le troisième jour, rincez les groseilles à l'eau fraîche, égouttez-les et égrappez-les. Dans une bassine à confiture, portez-les à ébullition avec l'eau. Couvrez la bassine et laissez éclater les baies à feu doux pendant cinq minutes.

Recueillez le jus en versant cette préparation dans un chinois fin, puis filtrez-le en le passant à l'étamine.

Versez la préparation aux fraises dans un tamis de soie. Portez le sirop recueilli à ébullition avec le jus de groseille, le deuxième jus de citron et 400 g de sucre pendant dix minutes environ. Il doit se concentrer à 108 °C au thermomètre, c'est-à-dire au perlé. Écumez soigneusement. Ajoutez les fraises à demi confites et le poivre. Redonnez un bouillon sans remuer. Retirez les fraises à l'écumoire et répartissez-les dans les pots. Faites bouillir à nouveau le jus pendant cinq minutes. Écumez à nouveau. Vérifiez la nappe. Terminez de remplir les pots avec le sirop et couvrez.

Gelée de pomme aux fleurs d'acacia

- ❖ 1,500 KG DE POMMES GRANNY-SMITH
- ❖ 1,500 KG D'EAU (1,5 L)
- ❖ 1 JUS DE CITRON
- ❖ 1 KG DE SUCRE CRISTALLISÉ
- ❖ 1 PANIER DE FLEURS D'ACACIA

Rincez les pommes à l'eau fraîche. Retirez les queues et coupez les fruits en quatre sans les peler. Posez les fruits dans une bassine à confiture et couvrez-les de l'eau préparée.

Après ébullition, laissez mijoter pendant une demi-heure à feu doux. Les pommes seront tendres au toucher. Recueillez le jus en versant cette préparation dans un chinois fin et en pressant légèrement les fruits avec le dos de l'écumoire. Puis filtrez une seconde fois ce jus à l'étamine préalablement mouillée et essorée. Laissez le jus s'écouler librement.

Il est préférable de laisser reposer ce jus pendant une nuit au frais.

Le lendemain, pesez 1 kg du jus obtenu en laissant au fond de la terrine le dépôt qui s'est formé durant la nuit afin d'obtenir une gelée plus claire. Versez le jus dans la bassine à confiture avec 500 g de sucre.

Préparez les fleurs d'acacia en ne gardant que le pistil et les pétales. Mettez-les dans la bassine à confiture. Portez au frémissement. Versez cette préparation dans une terrine. Couvrez d'un papier sulfurisé et réservez au frais pendant trois jours.

Prenez le soin de sécher quelques belles grappes de fleurs d'acacia dans l'intervalle de ces trois jours.

Le quatrième jour, versez la cuisson macérée dans une étamine et laissez le jus s'écouler librement. Versez alors le jus dans la bassine à confiture. Ajoutez le jus de citron et 500 g de sucre. Portez à ébullition en remuant délicatement. Maintenez la cuisson pendant cinq minutes. Écumez s'il y a lieu. Vérifiez la nappe. Mettez aussitôt votre gelée en pots en glissant une grappe de fleurs d'acacia séchées dans chaque pot. Couvrez.

Pour obtenir une belle gelée limpide, il faudra que le jus de pomme soit parfaitement décanté. Vous pouvez aussi conserver les pétales et les pistils dans votre gelée. Vous décorerez alors l'extérieur de vos pots des fleurs d'acacia séchées.

La fleur d'acacia exhale un parfum très particulier qui pour moi évoque les premiers beaux jours de l'année. Veillez à cueillir des fleurs qui viennent à peine de s'ouvrir. Les autres, plus ouvertes, ont déjà offert le meilleur de leur parfum.

Gelée de pomme aux pétales de roses

- 1,500 KG DE POMMES VERTES DU JARDIN
- 1,500 KG D'EAU (1,5 L)
- 1 JUS DE CITRON
- 1 KG DE SUCRE CRISTALLISÉ
- 1 PANIER DE PÉTALES DE ROSES NON TRAITÉES
- 1 DL D'EAU DE ROSE

Rincez les pommes à l'eau fraîche. Retirez les queues et coupez les fruits en quatre sans les peler. Posez les fruits dans une bassine à confiture et couvrez-les de l'eau préparée.

Après ébullition, laissez mijoter pendant une demi-heure à feu doux. Les pommes seront tendres au toucher. Recueillez le jus en versant cette préparation dans un chinois fin et en pressant légèrement les fruits avec le dos de l'écumoire. Puis filtrez une seconde fois ce jus à l'étamine préalablement mouillée et essorée. Laissez le jus s'écouler librement.

Il est préférable de laisser reposer ce jus pendant une nuit au frais.

Le lendemain, pesez 1 kg du jus obtenu en laissant dans la terrine le dépôt qui s'est formé durant la nuit afin d'obtenir une gelée plus claire. Versez le jus dans la bassine à confiture avec 500 g de sucre.

Réservez deux poignées de pétales de roses. Ajoutez le reste dans la bassine à confiture. Portez au frémissement.

Versez cette préparation dans une terrine. Couvrez d'un papier sulfurisé et réservez pendant une heure. Filtrez la cuisson macérée dans une étamine et laissez le jus s'écouler librement. Versez alors le jus dans la bassine à confiture. Ajoutez le jus de citron et 500 g de sucre. Portez à ébullition en remuant délicatement. Maintenez la cuisson pendant huit minutes. Écumez s'il y a lieu. Vérifiez la nappe. Répartissez les pétales de roses réservés dans les pots. Ajoutez l'eau de rose dans la gelée. Mettez aussitôt votre gelée en pots et couvrez.

Suivant la méthode de fermeture des pots que vous aurez choisie, les pétales remonteront en surface ou séjourneront dans le fond du pot. Lorsque votre gelée sera tiède et presque figée, vous agiterez légèrement chaque pot pour que les pétales se répartissent de façon plus harmonieuse.

Rhubarbe

- 1,200 KG DE RHUBARBE, SOIT 1 KG NET
- 800 G DE SUCRE CRISTALLISÉ
- 1 JUS DE CITRON

Rincez la rhubarbe à l'eau fraîche, coupez les tiges en deux sur leur longueur puis en petits dés. Faites macérer la rhubarbe, le sucre et le jus de citron pendant une nuit dans une terrine couverte d'une feuille de papier sulfurisé.

Le lendemain, versez cette préparation dans un tamis de soie. Récupérez le jus rendu par le fruit, portez le sirop recueilli à ébullition dans une bassine en cuivre pendant cinq minutes à 110 °C, c'est-à-dire au grand soufflé. Ajoutez les dés de rhubarbe. Portez à ébullition en mélangeant délicatement.

Vérifiez la nappe. Maintenez la cuisson pendant cinq minutes en remuant toujours. Écumez soigneusement. Vérifiez la nappe, mettez votre confiture en pots aussitôt et couvrez.

Je préfère la rhubarbe à tiges vertes et fines : elle est moins aqueuse et légèrement plus acidulée. Je ne la pèle jamais, pour conserver les morceaux entiers à la cuisson.

Rhubarbe, oranges et pommes

- ❖ 200 G D'ORANGES NON TRAITÉES
- ❖ 700 G DE RHUBARBE, SOIT 500 G NET
- ❖ 750 G DE POMMES IDARED, SOIT 500 G NET
- ❖ 200 G DE SUCRE CRISTALLISÉ + 800 G
- ❖ 100 G D'EAU (10 CL)
- ❖ 1 JUS DE CITRON

Passez les oranges sous l'eau fraîche et coupez-les en très fines rondelles. Dans une bassine en cuivre, pochez ces rondelles avec 200 g de sucre et 100 g d'eau. Maintenez la cuisson jusqu'à ce que les rondelles soient translucides. Ajoutez la rhubarbe lavée, non pelée et coupée en dés, ainsi que les pommes pelées, vidées et coupées en fines lamelles, le jus de citron et le sucre. Portez le tout à ébullition pendant cinq minutes en remuant délicatement.

Écumez soigneusement, redonnez un bouillon. Écumez encore s'il y a lieu. Vérifiez la nappe. Mettez votre confiture en pots aussitôt et couvrez.

Rhubarbe au miel d'acacia et au romarin

- ❖ 1,200 KG DE RHUBARBE, SOIT 1 KG NET
- ❖ 600 G DE SUCRE CRISTALLISÉ
- ❖ 200 G DE MIEL D'ACACIA
- ❖ 2 JUS DE CITRON
- ❖ 10 BRINS DE ROMARIN FRAIS

Rincez la rhubarbe sous l'eau fraîche. Coupez les tiges en deux sur leur longueur, puis en petits dés. Faites macérer la rhubarbe, le sucre, le miel et un jus de citron pendant une nuit dans une terrine couverte d'une feuille de papier sulfurisé.

Le lendemain, versez cette préparation dans un tamis de soie. Récupérez le jus rendu par le fruit. Portez le sirop recueilli à ébullition pendant cinq minutes. À 110 °C au thermomètre, c'est-à-dire au grand soufflé, ajoutez les dés de rhubarbe. Portez à ébullition en mélangeant délicatement. Écumez soigneusement. Ajoutez le deuxième jus de citron et les brins de romarin. Maintenez la cuisson pendant cinq minutes en remuant toujours. Écumez s'il y a lieu. Vérifiez la nappe. Mettez votre confiture en pots et couvrez.

Rhubarbe et fraises confites

- ❖ 1,200 KG DE RHUBARBE, SOIT 1 KG NET
- ❖ 1,100 KG DE FRAISES, SOIT 1 KG NET
- ❖ 800 G DE SUCRE CRISTALLISÉ + 800 G
- ❖ 2 JUS DE CITRON

Passez les fraises à l'eau fraîche, égouttez-les, équeutez-les. Faites macérer les fraises, 800 g de sucre et le jus d'un citron pendant une nuit dans une terrine couverte d'une feuille de papier sulfurisé.

Le lendemain, versez cette préparation dans un tamis de soie. Récupérez le jus rendu par le fruit et portez-le à ébullition pendant cinq minutes dans une bassine à confiture. Versez cette cuisson sur les fraises, couvrez d'une feuille de papier sulfurisé et laissez macérer à nouveau pendant une nuit.

Le troisième jour, redonnez cinq bouillons à cette préparation. Répétez cette opération quatre fois à huit heures d'intervalle. Puis versez les fraises dans un tamis de soie. Portez le sirop recueilli à ébullition pendant cinq minutes. Ajoutez les fraises confites, remuez délicatement, écumez soigneusement.

Simultanément, confectionnez une confiture avec la rhubarbe, 800 g de sucre et un jus de citron. Lorsque les deux confitures sont écumées, associez-les dans une même bassine. Redonnez un bouillon pendant trois minutes. Écumez encore s'il y a lieu. Vérifiez la nappe. Mettez votre confiture en pots aussitôt et couvrez.

Été

Abricots bergeron

- ❖ 1,150 KG D'ABRICOTS BERGERON MÛRS MAIS ENCORE FERMES, SOIT 1 KG NET
- ❖ 800 G DE SUCRE CRISTALLISÉ
- ❖ 200 G D'EAU (20 CL)
- ❖ 2 JUS DE CITRON

Rincez les abricots à l'eau fraîche. Coupez-les en deux afin de les dénoyauter. Mélangez les abricots, le sucre, l'eau et les jus de citron dans une terrine. Couvrez d'une feuille de papier sulfurisé. Réservez au frais et laissez macérer pendant huit heures.

Versez le contenu de la terrine dans la bassine à confiture et portez au frémissement. Versez à nouveau dans la terrine. Couvrez d'une feuille de papier sulfurisé et réservez au frais pendant une nuit.

Le deuxième jour, versez cette préparation dans un tamis de soie. Retirez la peau des abricots à demi confits. Portez le sirop recueilli à ébullition pendant huit minutes environ : il doit se concentrer à 110 °C au thermomètre, c'est-à-dire au grand soufflé. Ajoutez les oreillons d'abricot. Redonnez un bouillon, écumez soigneusement. Retirez les oreillons d'abricot à l'aide de l'écumoire et disposez-les dans les pots.

Maintenez la cuisson du sirop pendant trois minutes. Écumez encore s'il y a lieu. Terminez de remplir les pots avec le sirop et couvrez.

Pour réaliser cette confiture, vos abricots doivent être mûrs mais fermes. Un abricot trop juteux tomberait en compote à la cuisson.

Abricots bergeron à la vanille

- ❖ 1,150 KG D'ABRICOTS BERGERON MÛRS MAIS ENCORE FERMES, SOIT 1 KG NET
- ❖ 800 G DE SUCRE CRISTALLISÉ
- ❖ 1 JUS DE CITRON
- ❖ 2 GOUSSES DE VANILLE

Rincez les abricots à l'eau fraîche. Coupez-les en deux afin de les dénoyauter. Mélangez les abricots, le sucre, les gousses de vanille fendues sur leur longueur et le jus de citron dans une terrine. Couvrez d'une feuille de papier sulfurisé. Réservez au frais et laissez macérer pendant une heure.

Versez le contenu de la terrine dans la bassine à confiture et portez au frémissement. Versez à nouveau dans la terrine. Couvrez d'une feuille de papier sulfurisé et réservez au frais pendant une nuit.

Le deuxième jour, versez cette préparation dans un tamis de soie. Retirez la peau des abricots à demi confits. Portez le sirop recueilli à ébullition pendant cinq minutes environ : il doit se concentrer à 105 °C au thermomètre, c'est-à-dire au petit perlé. Ajoutez les oreillons d'abricot. Redonnez un bouillon de cinq minutes en remuant délicatement, écumez soigneusement. Retirez les gousses de vanille qui décoreront les facettes des pots. Vérifiez la nappe. Mettez votre confiture en pots aussitôt et couvrez.

Abricots bergeron et amandes

- ❖ 1,150 KG D'ABRICOTS BERGERON MÛRS MAIS ENCORE FERMES, SOIT 1 KG NET
- ❖ 800 G DE SUCRE CRISTALLISÉ
- ❖ 1 JUS DE CITRON
- ❖ 100 G D'AMANDES EFFILÉES
- ❖ QUELQUES AMANDES D'ABRICOT

Rincez les abricots à l'eau fraîche. Coupez-les en deux afin de les dénoyauter. Mélangez les abricots, le sucre et le jus de citron dans une terrine. Couvrez d'une feuille de papier sulfurisé. Réservez au frais et laissez macérer pendant une heure.

Versez le contenu de la terrine dans la bassine à confiture et portez au frémissement. Versez à nouveau dans la terrine. Couvrez d'une feuille de papier sulfurisé et réservez au frais pendant une nuit.

Le deuxième jour, versez cette préparation dans un tamis de soie. Retirez la peau des abricots à demi confits. Portez le sirop recueilli à ébullition pendant cinq minutes environ : il doit se concentrer à 105 °C au thermomètre, c'est-à-dire au petit perlé. Ajoutez les oreillons d'abricot et les amandes effilées. Redonnez un bouillon de cinq minutes en remuant délicatement, écumez soigneusement. Vérifiez la nappe.

Mettez votre confiture en pots aussitôt. Disposez quelques amandes d'abricot et couvrez.

Aidez-vous d'un casse-noix pour ôter les amandes des noyaux d'abricot. Puis plongez les amandes dans une casserole d'eau bouillante et mondez-les. Ébouillantez-les une seconde fois avant de les ajouter à votre confiture.

Dans cette recette, les amandes d'abricot sont ajoutées pour embellir votre confiture. Vous pouvez aussi remplacer la totalité des amandes effilées par les amandes des abricots. Cela donnera un petit goût d'amande amère à votre confiture.

Abricots au miel de montagne

- 1,150 KG D'ABRICOTS BERGERON MÛRS MAIS ENCORE FERMES, SOIT 1 KG NET
- 600 G DE SUCRE CRISTALLISÉ
- 200 G DE MIEL DE MONTAGNE
- 2 JUS DE CITRON

Rincez les abricots à l'eau fraîche. Coupez-les en deux afin de les dénoyauter. Mélangez les abricots, le sucre, le miel et les jus de citron dans une terrine. Couvrez d'une feuille de papier sulfurisé. Réservez au frais et laissez macérer pendant une heure.

Versez le contenu de la terrine dans la bassine à confiture et portez au frémissement. Versez à nouveau dans la terrine. Couvrez d'une feuille de papier sulfurisé et réservez au frais pendant une nuit.

Le deuxième jour, versez cette préparation dans un tamis de soie. Portez le sirop recueilli à ébullition pendant cinq minutes environ : il doit se concentrer à 105 °C au thermomètre, c'est-à-dire au petit perlé. Ajoutez les oreillons d'abricot. Redonnez un bouillon de cinq minutes en remuant délicatement, écumez soigneusement. Vérifiez la nappe.

Mettez votre confiture en pots aussitôt et couvrez.

Cette confiture aura une teinte légèrement plus ambrée, car un bon miel de montagne présente une couleur sombre.

Abricots aux dés de mangue

- 1,150 KG D'ABRICOTS BERGERON MÛRS MAIS ENCORE FERMES, SOIT 1 KG NET
- 800 G DE SUCRE CRISTALLISÉ + 800 G
- 1,600 KG DE MANGUES, SOIT 1 KG NET
- 200 G D'EAU (20 CL)
- 2 JUS DE CITRON

Rincez les abricots à l'eau fraîche. Coupez-les en deux afin de les dénoyauter. Mélangez les abricots, 800 g de sucre, l'eau et les jus de citron dans une terrine. Couvrez d'une feuille de papier sulfurisé. Réservez au frais et laissez macérer pendant huit heures.

Versez le contenu de la terrine dans la bassine à confiture et portez au frémissement. Versez à nouveau dans la terrine. Couvrez d'une feuille de papier sulfurisé et réservez au frais pendant une nuit.

Pelez les mangues et ôtez les noyaux. Coupez la chair en petits dés. Mélangez les mangues et 800 g de sucre dans une bassine à confiture, puis portez au frémissement. Versez dans une terrine. Couvrez d'une feuille de papier sulfurisé et réservez au frais pendant une nuit.

Le deuxième jour, versez la cuisson d'abricots dans un tamis de soie. Retirez la peau des abricots à demi confits. Portez le sirop recueilli à ébullition pendant huit minutes environ : il doit se concentrer à 110 °C au thermomètre, c'est-à-dire au petit perlé. Ajoutez les oreillons d'abricot. Redonnez un bouillon de cinq minutes en remuant délicatement, écumez soigneusement.

En même temps, dans une autre bassine portez la cuisson des mangues à ébullition. Maintenez cette ébullition pendant cinq minutes tout en remuant et en écumant soigneusement.

Mélangez alors les deux cuissons dans une même bassine. Redonnez un bouillon. Écumez s'il y a lieu. Vérifiez la nappe. Mettez votre confiture en pots aussitôt.

Nougabricot

- ❖ 1,150 KG D'ABRICOTS BERGERON MÛRS MAIS ENCORE FERMES, SOIT 1 KG NET
- ❖ 650 G DE SUCRE CRISTALLISÉ
- ❖ 200 G DE MIEL DE CHÂTAIGNIER
- ❖ 1 JUS DE CITRON
- ❖ 100 G D'AMANDES EFFILÉES
- ❖ 100 G DE PISTACHES ÉMONDÉES ET HACHÉES
- ❖ 2 POINTES DE COUTEAU DE ZESTE FINEMENT RÂPÉ D'UNE ORANGE NON TRAITÉE
- ❖ 2 JUS D'ORANGE
- ❖ QUELQUES AMANDES D'ABRICOT

Rincez les abricots à l'eau fraîche. Coupez-les en deux afin de les dénoyauter. Mélangez les abricots, le sucre, le miel, les jus d'orange, le zeste d'orange et le jus de citron dans une terrine. Couvrez d'une feuille de papier sulfurisé. Réservez au frais et laissez macérer pendant une heure.

Versez le contenu de la terrine dans la bassine à confiture et portez au frémissement. Reversez dans la terrine. Couvrez à nouveau d'une feuille de papier sulfurisé et réservez au frais pendant une nuit.

Le deuxième jour, versez cette préparation dans un tamis de soie. Retirez la peau des abricots à demi confits. Portez le sirop recueilli à ébullition pendant cinq minutes environ : il doit se concentrer à 105 °C au thermomètre, c'est-à-dire au petit perlé. Ajoutez les oreillons d'abricot,

les amandes effilées et les pistaches hachées.
Redonnez un bouillon de cinq minutes en remuant
délicatement, écumez soigneusement. Vérifiez la
nappe.
Mettez votre confiture en pots aussitôt. Disposez
quelques amandes d'abricot et couvrez.

Les deux abricots à la vanille et au gewurztraminer

- ❖ 1,150 KG D'ABRICOTS BERGERON MÛRS MAIS ENCORE FERMES, SOIT 1 KG NET
- ❖ 250 G D'ABRICOTS SECS MOELLEUX
- ❖ 800 G DE SUCRE CRISTALLISÉ
- ❖ 1 JUS DE CITRON
- ❖ 1 JUS D'ORANGE
- ❖ LE ZESTE FINEMENT RÂPÉ D'UNE DEMI-ORANGE NON TRAITÉE
- ❖ 2 GOUSSES DE VANILLE
- ❖ 250 G DE GEWURZTRAMINER (25 CL)

Rincez les abricots à l'eau fraîche. Coupez-les en deux afin de les dénoyauter. Mélangez les abricots, le sucre, le jus d'orange, le zeste d'une demi-orange, le jus de citron et les gousses de vanille fendues sur leur longueur dans une terrine. Couvrez d'une feuille de papier sulfurisé. Réservez au frais et laissez macérer pendant une heure.

Versez le contenu de la terrine dans la bassine à confiture et portez au frémissement. Versez à nouveau dans la terrine. Couvrez d'une feuille de papier sulfurisé et réservez au frais pendant une nuit.

Le deuxième jour, versez cette préparation dans un tamis de soie. Retirez la peau des abricots à demi confits. Portez le sirop recueilli à ébullition pendant cinq minutes environ : il doit se concentrer à 105 °C au thermomètre, c'est-à-dire au petit perlé. Ajoutez les abricots secs détaillés en bâtonnets de 5 mm de large et le gewurztraminer. Redonnez un bouillon de cinq minutes, écumez soigneusement. Ajoutez les oreillons d'abricot. Donnez un bouillon de cinq minutes en remuant délicatement. Écumez à nouveau. Retirez les bâtons de vanille, qui garniront les facettes de vos pots. Vérifiez la nappe.

Mettez votre confiture en pots aussitôt et couvrez.

Pour cette recette, le gewurztraminer choisi est un vin capiteux aux tonalités épicées : agrumes confits, abricots confits séchés, épices à pain d'épices.

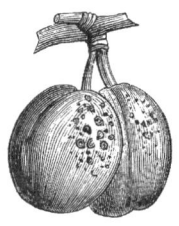

Gelée d'abricot et de pomme épicée

- ❖ 1,100 KG D'ABRICOTS, SOIT 1 KG NET
- ❖ 500 G DE POMMES VERTES DU JARDIN
- ❖ 900 G DE SUCRE CRISTALLISÉ
- ❖ 1 KG D'EAU (1 L)
- ❖ 1 JUS DE CITRON
- ❖ 1 JUS D'ORANGE
- ❖ LE ZESTE FINEMENT RÂPÉ D'UNE DEMI-ORANGE NON TRAITÉE
- ❖ 1 CLOU DE GIROFLE
- ❖ 1/2 BÂTON DE CANNELLE
- ❖ UNE POINTE DE COUTEAU D'ÉPICES À PAIN D'ÉPICES MOULUES
- ❖ 30 G DE GRAND MARNIER (3 CL)

Rincez rapidement les abricots à l'eau fraîche. Coupez-les en deux pour les dénoyauter.

Rincez les pommes à l'eau fraîche. Enlevez les queues et coupez les fruits en quatre sans les peler ni les vider.

Versez les abricots et les pommes dans une bassine à confiture, couvrez-les de l'eau préparée et du jus de citron. Portez-les à ébullition.

Couvrez votre bassine et laissez mijoter à feu doux pendant une demi-heure en remuant de temps en temps. Versez cette préparation dans un chinois fin, puis dans une étamine, et laissez le jus s'écouler librement.

Versez le jus obtenu (1,100 kg) dans une bassine à confiture avec le jus d'orange, le zeste d'orange, le sucre et les épices. Portez à ébullition pendant cinq minutes. Écumez soigneusement. Vérifiez la nappe. Retirez le bâton de cannelle, qui décorera les facettes de vos pots. Ajoutez le Grand Marnier. Mettez votre gelée en pots aussitôt et couvrez.

Avec la chair des pommes et des abricots égouttés, vous pouvez faire une excellente compote. Passez la pulpe au moulin à légumes, grosse grille. Sucrez et épicez à volonté.

Airelles des bois

❖ 1 KG D'AIRELLES DES BOIS
❖ 800 G DE SUCRE CRISTALLISÉ
❖ 1 JUS DE CITRON

Rincez rapidement les airelles à l'eau fraîche. Égouttez-les dans une passoire.

Dans une terrine, mélangez-les au sucre et au jus de citron. Après dix minutes de macération, versez cette préparation dans une bassine à confiture et portez à ébullition pendant cinq minutes en remuant délicatement. Versez cette cuisson dans une terrine. Couvrez d'une feuille de papier sulfurisé et réservez au frais pendant une nuit.

Le lendemain, portez à nouveau cette préparation à ébullition. Maintenez la cuisson pendant cinq minutes en remuant délicatement. Écumez soigneusement. Vérifiez la nappe. Mettez votre confiture en pots aussitôt et couvrez.

Vous pouvez servir la confiture d'airelle en garniture de pommes ou de poires poêlées au beurre avec un gibier. Dans ce cas, vous la ferez avec 1 kg d'airelles, 600 g de sucre cristallisé et 100 g de vinaigre ajouté en fin de cuisson.

Gelée d'airelle

- ❖ 1,750 KG D'AIRELLES
- ❖ 500 G D'EAU (50 CL)
- ❖ 1 KG DE SUCRE CRISTALLISÉ
- ❖ 1 JUS DE CITRON

Rincez rapidement les airelles à l'eau fraîche, égouttez-les dans une passoire, versez les airelles dans une bassine à confiture et portez-les à ébullition avec l'eau préparée. Couvrez votre bassine et laissez éclater les baies à feu doux pendant cinq minutes.

Recueillez le jus en versant cette préparation dans un chinois fin et en pressant les fruits avec le dos de l'écumoire. Puis filtrez une seconde fois ce jus dans une étamine préalablement mouillée et essorée. Versez le jus obtenu (1,100 kg) dans une bassine à confiture avec le jus de citron et le sucre. Portez à ébullition pendant cinq minutes. Écumez soigneusement. Vérifiez la nappe. Mettez votre gelée en pots aussitôt et couvrez.

Confiture de cassis

- ❖ 1,200 KG DE GRAPPES DE CASSIS, SOIT 1 KG NET DE BAIES
- ❖ 800 G DE SUCRE CRISTALLISÉ
- ❖ 1 JUS DE CITRON

Rincez les cassis à l'eau fraîche, égouttez-les et
égrappez-les. Dans une bassine à confiture, mélangez
les baies de cassis, le sucre et le jus de citron. Portez
au frémissement, puis versez cette cuisson dans une
terrine. Couvrez les fruits d'une feuille de papier
sulfurisé et réservez au frais pendant une nuit.
Le lendemain, passez cette préparation au moulin à
légumes (grille fine) afin de retirer les peaux et les
pépins.
Dans la bassine à confiture, portez cette préparation à
ébullition en remuant délicatement. Maintenez la
cuisson pendant cinq minutes en remuant toujours.
Écumez soigneusement. Redonnez un bouillon.
Vérifiez la nappe. Mettez votre confiture en pots
aussitôt et couvrez.

Gelée de cassis

- 1,900 KG DE GRAPPES DE CASSIS, SOIT 1,600 KG NET DE BAIES
- 200 G D'EAU (20 CL)
- 1 KG DE SUCRE CRISTALLISÉ
- 1 JUS DE CITRON

Rincez les cassis à l'eau fraîche, égouttez-les et égrappez-les. Versez-les dans une bassine à confiture et portez-les à ébullition avec l'eau préparée. Couvrez la bassine et laissez éclater les baies à feu doux pendant cinq minutes.

Recueillez le jus en versant cette préparation dans un chinois fin et en pressant les fruits avec le dos de l'écumoire. Puis filtrez à nouveau le jus en le passant dans une étamine préalablement mouillée et essorée. Versez le jus obtenu (1,100 kg) dans une bassine à confiture avec le jus de citron et le sucre. Portez à ébullition pendant cinq minutes. Écumez soigneusement. Vérifiez la nappe. Mettez votre gelée en pots aussitôt et couvrez.

Crème de cassis au pinot noir

- ❖ 1,200 KG DE GRAPPES DE CASSIS, SOIT 1 KG NET DE BAIES
- ❖ 250 G DE PINOT NOIR (25 CL)
- ❖ 950 G DE SUCRE CRISTALLISÉ
- ❖ 1 JUS DE CITRON

Rincez les cassis à l'eau fraîche, égouttez-les et égrappez-les. Dans une bassine à confiture, mélangez les baies, le sucre et le jus de citron. Portez au frémissement, puis versez cette cuisson dans une terrine. Couvrez les fruits d'une feuille de papier sulfurisé et réservez au frais pendant une nuit.
Le lendemain, passez cette préparation au moulin à légumes (grille fine) afin de retirer les peaux et les pépins.
Dans la bassine à confiture, portez cette préparation à ébullition en remuant délicatement. Maintenez la cuisson pendant cinq minutes en remuant toujours. Écumez soigneusement. Ajoutez le pinot noir. Redonnez un bouillon de cinq minutes en tournant délicatement. Écumez encore s'il y a lieu. Redonnez un bouillon. Vérifiez la nappe. Mettez votre confiture en pots aussitôt et couvrez.

Framboises des jardins

- ❖ 1 KG DE FRAMBOISES DES JARDINS
- ❖ 800 G DE SUCRE CRISTALLISÉ
- ❖ 1 JUS DE CITRON

Triez les framboises. Évitez de les rincer afin de préserver leur parfum.

Dans une bassine à confiture, mélangez les framboises, le sucre et le jus de citron.

Portez à ébullition en mélangeant délicatement.

Maintenez la cuisson pendant dix minutes tout en remuant et en écumant soigneusement. Vérifiez la nappe. Redonnez un bouillon.

Mettez votre confiture en pots aussitôt et couvrez.

Framboises des jardins à l'eau-de-vie de framboise

- ❖ 1 KG DE FRAMBOISES DES JARDINS
- ❖ 900 KG DE SUCRE CRISTALLISÉ
- ❖ 1 JUS DE CITRON
- ❖ 60 G D'EAU-DE-VIE DE FRAMBOISE (6 CL)

Triez les framboises. Évitez de les rincer afin de préserver leur parfum. Dans une bassine à confiture, mélangez les framboises, le sucre et le jus de citron. Portez au frémissement. Versez cette cuisson dans une terrine, couvrez d'une feuille de papier sulfurisé et réservez au frais pendant une nuit.

Le lendemain, passez les framboises dans un moulin à légumes (grille fine). Dans une bassine à confiture, portez cette préparation à ébullition. Maintenez la cuisson pendant dix minutes en remuant délicatement. Écumez soigneusement. Vérifiez la nappe. Ajoutez l'eau-de-vie.

Mettez votre confiture en pots aussitôt et couvrez.

Framboises des jardins et pêches blanches

- ❖ 1,200 KG DE FRAMBOISES DES JARDINS, SOIT 1 KG NET
- ❖ 850 G DE SUCRE CRISTALLISÉ + 800 G
- ❖ 3 JUS DE CITRON
- ❖ 1,300 KG DE PÊCHES BLANCHES, SOIT 1 KG NET

Triez les framboises. Passez-les au moulin à légumes (grille fine). Dans une bassine à confiture, mélangez la pulpe de framboise, 850 g de sucre et un jus de citron. Portez au frémissement. Versez cette cuisson dans une terrine, couvrez d'une feuille de papier sulfurisé et réservez au frais pendant une nuit.

Plongez les pêches pendant une minute dans l'eau bouillante. Rafraîchissez-les dans de l'eau glacée, pelez-les, dénoyautez-les et coupez-les en huit quartiers.

Dans la bassine à confiture, mélangez les pêches, 800 g de sucre et le jus de deux citrons. Portez au frémissement. Versez dans une terrine, couvrez les fruits d'une feuille de papier sulfurisé et réservez au frais pendant une nuit.

Le lendemain, portez les préparations à ébullition *séparément*, en remuant délicatement. Maintenez chaque cuisson pendant dix minutes tout en remuant et en écumant soigneusement. Vérifiez la nappe. Mélangez alors les deux cuissons dans une même bassine. Redonnez un bouillon. Mettez votre confiture en pots aussitôt et couvrez.

Framboises des jardins et violettes

❖ 1,200 KG DE FRAMBOISES DES JARDINS, SOIT 1 KG NET
❖ 800 G DE SUCRE CRISTALLISÉ
❖ 1 JUS DE CITRON
❖ 3 GOUTTES D'ESSENCE DE VIOLETTE

Triez les fruits. Passez les framboises au moulin à légumes (grille fine). Dans une bassine à confiture, mélangez la pulpe obtenue, le sucre et le jus de citron. Portez à ébullition en remuant délicatement.
Maintenez la cuisson à feu doux pendant dix minutes en remuant toujours. Écumez soigneusement. Vérifiez la nappe. Redonnez un bouillon. Ajoutez l'essence de violette.
Mettez votre confiture en pots aussitôt et couvrez.

Certaines variétés de framboises, telle la mecker, lorsqu'elles sont bien mûres, révèlent un parfum de violette. D'où l'idée de cette association…

Framboises des jardins, citrons et citronnelle

- ❖ 1,200 KG DE FRAMBOISES DES JARDINS, SOIT 1 KG NET
- ❖ 1 CITRON NON TRAITÉ
- ❖ 1 JUS DE CITRON
- ❖ 25 G DE CITRONNELLE FRAÎCHE
- ❖ 800 G DE SUCRE CRISTALLISÉ + 100 G
- ❖ 100 G D'EAU (10 CL)

Passez les framboises au moulin à légumes (grille fine).
Rincez le citron et coupez-le en très fines rondelles.
Dans une bassine à confiture, pochez les rondelles de
citron avec 100 g de sucre, 100 g d'eau et le jus de
citron. Maintenez l'ébullition jusqu'à ce que les
rondelles soient translucides. Ajoutez la pulpe de
framboise, 800 g de sucre et les feuilles de citronnelle.
Portez cette préparation à ébullition en remuant
délicatement. Maintenez la cuisson à feu doux pendant
dix minutes en remuant toujours. Écumez
soigneusement.
Retirez les feuilles de citronnelle au moyen de
l'écumoire. Redonnez un bouillon. Vérifiez la nappe.
Mettez votre confiture en pots aussitôt et couvrez.

Framboises des jardins au chocolat

❖ 1,200 KG DE FRAMBOISES DES JARDINS, SOIT 1 KG NET
❖ 750 G DE SUCRE CRISTALLISÉ
❖ 1 JUS DE CITRON
❖ 250 G DE CHOCOLAT NOIR AMER

Passez les framboises au moulin à légumes (grille fine). Dans une bassine à confiture, mélangez la pulpe de framboise obtenue avec le sucre et le jus de citron. Portez cette préparation à ébullition pendant cinq minutes en remuant délicatement et en écumant soigneusement. Ajoutez le chocolat en copeaux. Mélangez et versez cette cuisson dans une terrine. Couvrez d'une feuille de papier sulfurisé et réservez au frais pendant une nuit.

Le lendemain, portez à nouveau cette préparation à ébullition. Maintenez la cuisson pendant cinq minutes à feu doux en remuant toujours et en écumant s'il y a lieu. Redonnez un bouillon. Vérifiez la nappe. Mettez votre confiture en pots aussitôt et couvrez.

Je procède à la cuisson en deux temps pour obtenir un bel amalgame entre le chocolat et le fruit.

Framboises des jardins, griottes et pommes

- 600 G DE GRIOTTES, SOIT 500 G NET
- 600 G DE FRAMBOISES DES JARDINS, SOIT 500 G NET
- 600 G DE POMMES GRANNY-SMITH, SOIT 500 G NET
- 1,200 KG DE SUCRE CRISTALLISÉ
- 1 JUS DE CITRON
- LE ZESTE FINEMENT RÂPÉ D'UN DEMI-CITRON NON TRAITÉ

Passez les framboises au moulin à légumes (grille fine).
Lavez les griottes. Séchez-les dans un torchon.
Équeutez-les et dénoyautez-les. Pelez les pommes,
enlevez les queues, videz-les et coupez-les en fines
lamelles.

Dans une bassine à confiture, mélangez la pulpe de
framboise, les pommes émincées, les griottes, le sucre,
le jus et le zeste de citron. Portez cette préparation au
frémissement, puis versez cette cuisson dans une
terrine. Couvrez les fruits d'une feuille de papier
sulfurisé et réservez au frais pendant une nuit.
Le lendemain, portez à ébullition, maintenez la cuisson
pendant dix minutes à feu doux en remuant
délicatement. Écumez soigneusement, redonnez un
bouillon. Vérifiez la nappe. Mettez votre confiture en
pots aussitôt et couvrez.

Gelée de framboise des jardins

- ❖ 1,500 KG DE FRAMBOISES DES JARDINS
- ❖ 1 KG DE SUCRE CRISTALLISÉ
- ❖ 1 JUS DE CITRON
- ❖ 200 G D'EAU (20 CL)

Versez les framboises dans la bassine à confiture et portez à ébullition avec l'eau préparée. Couvrez votre bassine et laissez éclater les fruits à feu doux pendant cinq minutes. Recueillez le jus en versant cette préparation dans un chinois fin. Pour obtenir une gelée claire, ne pressez pas les fruits. Filtrez une seconde fois ce jus en le passant dans une étamine préalablement mouillée et essorée.

Versez le jus obtenu (1,100 kg) dans une bassine à confiture avec le jus de citron et le sucre. Portez à ébullition pendant dix minutes. Écumez soigneusement. Redonnez un bouillon. Vérifiez la nappe. Mettez votre gelée en pots aussitôt et couvrez.

Confiture de groseilles

❖ 1,350 KG DE GROSEILLES, SOIT 1,100 KG NET DE BAIES
❖ 800 G DE SUCRE CRISTALLISÉ
❖ 1 JUS DE CITRON

Rincez les groseilles à l'eau fraîche, égouttez-les et égrappez-les. Dans une bassine à confiture, mélangez les baies, le sucre et le jus de citron. Portez au frémissement, puis versez cette cuisson dans une terrine. Couvrez d'une feuille de papier sulfurisé et réservez au frais pendant une nuit.
Le lendemain, passez cette préparation au moulin à légumes (grille fine) afin de retirer les peaux et les pépins.
Dans la bassine à confiture, portez cette préparation à ébullition en remuant délicatement. Maintenez la cuisson pendant cinq minutes en remuant toujours. Écumez soigneusement. Redonnez un bouillon. Vérifiez la nappe. Mettez votre confiture en pots aussitôt et couvrez.

Prenez toujours soin de bien égrapper les groseilles car les rafles donneraient un petit goût âcre à votre jus.

Gelée de groseille

❖ 1,800 KG DE GROSEILLES, SOIT 1,500 KG DE BAIES
❖ 1 KG DE SUCRE CRISTALLISÉ
❖ 200 G D'EAU (20 CL)
❖ 1 JUS DE CITRON

Rincez les groseilles à l'eau fraîche, égouttez-les et égrappez-les. Versez les baies dans une bassine à confiture, portez-les à ébullition avec l'eau préparée. Couvrez la bassine et laissez éclater les baies à feu doux pendant cinq minutes.

Recueillez le jus en versant cette préparation dans un chinois fin en pressant légèrement les fruits avec le dos de l'écumoire, puis filtrez une seconde fois ce jus en le passant dans une étamine préalablement mouillée et essorée. Versez le jus obtenu (1,100 kg) dans une bassine à confiture avec le jus de citron et le sucre. Portez à ébullition pendant cinq minutes. Écumez soigneusement. Vérifiez la nappe. Mettez votre gelée en pots aussitôt et couvrez.

Gelée de groseille aux citrons et au miel de thym

- ❖ 1,800 KG DE GROSEILLES, SOIT 1,500 KG DE BAIES
- ❖ 800 G DE SUCRE CRISTALLISÉ + 100 G
- ❖ 200 G D'EAU (20 CL) + 100 G (10 CL)
- ❖ 1 JUS DE CITRON
- ❖ 2 CITRONS NON TRAITÉS
- ❖ 200 G DE MIEL DE THYM
- ❖ QUELQUES BRINS DE THYM EN FLEUR

Rincez les groseilles à l'eau fraîche, égouttez-les et égrappez-les. Dans une bassine à confiture, portez-les à ébullition avec 200 g d'eau. Couvrez la bassine et laissez éclater les baies à feu doux pendant cinq minutes. Recueillez le jus en versant cette préparation dans un chinois fin en pressant légèrement les fruits avec le dos de l'écumoire, puis filtrez une seconde fois ce jus en le passant dans une étamine préalablement mouillée et essorée. Dans une bassine à confiture, pochez les deux citrons coupés en fines rondelles avec 100 g de sucre et 100 g d'eau. Maintenez l'ébullition jusqu'à ce que les rondelles soient translucides. Ajoutez le jus des groseilles, 800 g de sucre, le miel de thym et quelques brins de thym en fleur. Portez cette préparation à ébullition. Maintenez la cuisson à feu doux pendant dix minutes. Écumez soigneusement. Retirez les brins de thym et les rondelles de citron à l'écumoire. Posez-les au fond des pots. Redonnez un bouillon. Vérifiez la nappe.
Terminez de remplir les pots avec la gelée de groseille aromatisée et couvrez.

Confiture de groseilles à maquereau

- ❖ 1,100 KG DE GROSEILLES À MAQUEREAU, SOIT 1 KG NET
- ❖ 800 G DE SUCRE CRISTALLISÉ
- ❖ 2 JUS DE CITRON

Lavez les groseilles à maquereau dans de l'eau fraîche. Égouttez-les et séchez-les dans un torchon. Puis frottez-les dans un torchon sec pour les débarrasser de leur duvet. Enlevez la queue et ce qui reste de la fleur. Dans une bassine à confiture, mélangez les groseilles, le sucre et les jus de citron. Portez au frémissement. Versez dans une terrine. Couvrez les fruits d'une feuille de papier sulfurisé et réservez au frais pendant une nuit.

Le lendemain, portez cette préparation à ébullition. Maintenez la cuisson pendant dix minutes en remuant délicatement. Écumez soigneusement. Redonnez un bouillon. Vérifiez la nappe. Mettez votre confiture en pots aussitôt et couvrez.

Melons

- ❖ 2 KG DE MELONS, SOIT 1 KG NET
- ❖ 800 G DE SUCRE CRISTALLISÉ
- ❖ 2 JUS DE CITRON
- ❖ 2 GOUSSES DE VANILLE
- ❖ 200 G DE GELÉE DE POMME VERTE
- ❖ 1 CITRON NON TRAITÉ
- ❖ 1 ORANGE NON TRAITÉE
- ❖ UNE PINCÉE DE SEL

Choisissez des melons mûrs à point et bien parfumés. Retirez la peau et les graines, coupez la chair en dés. Mélangez dans une terrine les dés de melon, le sucre, les jus de citron et une gousse de vanille fendue sur sa longueur. Laissez macérer pendant une heure.

Puis versez dans une bassine à confiture et portez au frémissement. Versez dans une terrine, couvrez les fruits d'une feuille de papier sulfurisé et réservez au frais pendant une nuit.

Le lendemain, coupez de larges rubans de zeste de citron et d'orange à l'aide d'un économe. Plongez ces zestes dans l'eau bouillante avec la pincée de sel pendant cinq minutes. Puis rincez-les à l'eau fraîche et coupez-les en fins bâtonnets.

Versez la préparation de melon sur un tamis de soie et recueillez le jus.

Dans une bassine à confiture, portez ce jus à ébullition jusqu'à une température de 110 °C au thermomètre, c'est-à-dire au grand soufflé.

Ajoutez à ce moment les dés de melon, la deuxième gousse de vanille fendue, les zestes en bâtonnets et la gelée de pomme verte. Portez à nouveau à ébullition pendant cinq minutes, en remuant délicatement. Écumez soigneusement. Retirez les gousses de vanille, qui décoreront les facettes de vos pots. Redonnez un bouillon. Vérifiez la nappe. Mettez votre confiture en pots aussitôt et couvrez.

Melons et amandes

- ❖ 2 KG DE MELONS, SOIT 1 KG NET
- ❖ 1 KG DE SUCRE CRISTALLISÉ
- ❖ 350 G D'AMANDES FRAÎCHEMENT ÉMONDÉES,
  SÉCHÉES ET FINEMENT RÂPÉES
- ❖ 1 JUS DE CITRON

Choisissez des melons mûrs à point et bien parfumés, retirez la peau et les graines, coupez la chair en dés. Dans une terrine, mélangez les dés de melon au sucre et au jus de citron et laissez macérer pendant une heure.

Versez cette préparation dans une bassine à confiture, portez au frémissement. Versez dans une terrine. Couvrez les fruits d'une feuille de papier sulfurisé et réservez au frais pendant une nuit.

Mettez les amandes pendant une minute dans l'eau bouillante. À l'aide d'une écumoire, posez-les sur un torchon. Émondez-les et séchez-les pendant une nuit. Le lendemain, passez la cuisson de melon dans un moulin à légumes (grille fine). Râpez finement les amandes. Dans une bassine à confiture, versez la cuisson de melon et les amandes. Portez à ébullition en remuant continuellement. Écumez soigneusement et maintenez la cuisson à feu doux pendant dix minutes en remuant toujours. Écumez encore s'il y a lieu. Vérifiez la nappe. Mettez votre confiture en pots aussitôt et couvrez.

Mûres des bois

- ❖ 1 KG DE MÛRES DES BOIS
- ❖ 800 G DE SUCRE CRISTALLISÉ
- ❖ 1 JUS DE CITRON

Triez les mûres. Rincez-les rapidement à l'eau fraîche sans les faire tremper. Dans une bassine à confiture, mélangez les mûres, le sucre et le jus de citron. Portez au frémissement. Versez dans une terrine. Couvrez les fruits d'une feuille de papier sulfurisé et réservez au frais pendant une nuit.

Le lendemain, portez cette préparation à ébullition en remuant délicatement. Maintenez la cuisson pendant dix minutes tout en remuant et en écumant soigneusement. Redonnez un bouillon. Vérifiez la nappe. Mettez votre confiture en pots aussitôt et couvrez.

Mûres des bois et framboises sauvages

- ❖ 500 G DE MÛRES DES BOIS BIEN MÛRES
- ❖ 600 G DE FRAMBOISES SAUVAGES, SOIT 500 G NET
- ❖ 800 G DE SUCRE CRISTALLISÉ
- ❖ 1 JUS DE CITRON

Rincez rapidement les fruits à l'eau fraîche sans les faire tremper. Égouttez-les. Passez les framboises au moulin à légumes (grille fine) pour les réduire en pulpe. Dans une bassine à confiture, mélangez les mûres, la pulpe de framboise, le sucre et le jus de citron. Portez à ébullition en remuant délicatement. Maintenez la cuisson pendant dix minutes à feu doux tout en remuant et en écumant soigneusement. Redonnez un bouillon. Vérifiez la nappe. Mettez votre confiture en pots aussitôt et couvrez.

Confiture aux trois fruits des bois

- ❖ 500 G DE MÛRES DES BOIS
- ❖ 500 G DE FRAMBOISES SAUVAGES
- ❖ 500 G DE MYRTILLES DES BOIS
- ❖ 800 G DE SUCRE CRISTALLISÉ + 400 G
- ❖ 1 JUS DE CITRON

Rincez rapidement les myrtilles à l'eau fraîche sans les faire tremper. Dans une bassine à confiture, portez au frémissement les myrtilles et 400 g de sucre. Versez cette cuisson dans une terrine. Couvrez d'une feuille de papier sulfurisé et réservez au frais jusqu'au lendemain. Rincez rapidement les mûres et les framboises de la même façon. Et dans une autre bassine à confiture, portez-les au frémissement avec 800 g de sucre. Versez cette cuisson dans une terrine. Couvrez d'une feuille de papier sulfurisé et réservez au frais jusqu'au lendemain. Le lendemain, passez la cuisson de mûres et framboises au moulin à légumes (grille fine) pour en retirer les pépins. Versez la pulpe obtenue dans la bassine à confiture avec la cuisson des myrtilles et le jus de citron. Portez à ébullition en remuant délicatement. Maintenez la cuisson pendant cinq minutes en remuant toujours et en écumant soigneusement. Redonnez un bouillon. Vérifiez la nappe. Mettez votre confiture en pots aussitôt et couvrez.

Mûres des bois et pêches des vignes

- ❖ 1 KG DE MÛRES DES BOIS
- ❖ 1,300 KG DE PÊCHES DES VIGNES, SOIT 1 KG NET
- ❖ 850 G DE SUCRE CRISTALLISÉ + 800 G
- ❖ 2 JUS DE CITRON

Triez les mûres. Rincez-les rapidement à l'eau fraîche sans les faire tremper. Dans une bassine à confiture, mélangez les mûres, 850 g de sucre et le jus d'un citron. Portez au frémissement. Versez dans une terrine. Couvrez d'une feuille de papier sulfurisé et réservez au frais pendant une nuit.

Plongez les pêches pendant une minute dans de l'eau bouillante. Rafraîchissez-les dans de l'eau glacée, pelez-les, dénoyautez-les et coupez-les en quartiers. Dans la bassine à confiture, mélangez les pêches, 800 g de sucre et le jus d'un citron. Portez au frémissement. Versez dans une terrine. Couvrez d'une feuille de papier sulfurisé et réservez au frais pendant une nuit. Le lendemain, passez la cuisson des mûres au moulin à légumes (grille fine) pour en retirer les pépins. Puis portez les préparations à ébullition *séparément*, en remuant délicatement. Maintenez les cuissons pendant cinq minutes, tout en remuant et en écumant soigneusement. Vérifiez la nappe. Mélangez les deux cuissons dans une même bassine. Redonnez un bouillon. Vérifiez la nappe. Mettez votre confiture en pots aussitôt et couvrez.

Gelée de mûre des bois

- ❖ 1,800 KG DE MÛRES DES BOIS
- ❖ 1 KG DE SUCRE CRISTALLISÉ
- ❖ 200 G D'EAU (20 CL)
- ❖ 1 JUS DE CITRON

Rincez les mûres à l'eau fraîche sans les faire tremper. Versez-les dans la bassine à confiture et portez à ébullition avec l'eau préparée. Couvrez la bassine et laissez éclater les fruits à feu doux pendant cinq minutes. Recueillez le jus en versant cette préparation dans un chinois fin en pressant légèrement les fruits avec le dos de l'écumoire.

Filtrez une seconde fois ce jus en le passant dans une étamine préalablement mouillée et essorée.

Versez le jus obtenu (1,100 kg) dans une bassine à confiture avec le jus de citron et le sucre. Portez à ébullition pendant cinq minutes. Écumez soigneusement. Redonnez un bouillon. Vérifiez la nappe. Mettez votre gelée en pots aussitôt et couvrez.

Myrtilles des bois

- ❖ 1 KG DE MYRTILLES DES BOIS
- ❖ 800 G DE SUCRE CRISTALLISÉ
- ❖ 1 JUS DE CITRON

Rincez les myrtilles à l'eau fraîche sans les faire tremper. Dans une bassine à confiture, portez-les au frémissement avec le sucre et le jus de citron.

Versez cette cuisson dans une terrine. Couvrez d'une feuille de papier sulfurisé et réservez au frais pendant une nuit.

Le lendemain, portez la préparation à ébullition en remuant délicatement. Maintenez la cuisson à feu doux pendant dix minutes en remuant toujours. Écumez soigneusement. Redonnez un bouillon. Vérifiez la nappe. Mettez votre confiture en pots aussitôt et couvrez.

Myrtilles des bois au pinot noir et à la réglisse

- ❖ 1 KG DE MYRTILLES DES BOIS
- ❖ 250 G DE PINOT NOIR (25 CL)
- ❖ 1 KG DE SUCRE CRISTALLISÉ
- ❖ 1 JUS DE CITRON
- ❖ 2 BÂTONS DE RÉGLISSE BIEN INCISÉS

Rincez les myrtilles à l'eau fraîche sans les faire tremper. Dans une bassine à confiture, portez-les au frémissement avec le sucre, le jus de citron et les bâtons de réglisse.

Versez cette cuisson dans une terrine. Couvrez d'une feuille de papier sulfurisé et réservez au frais pendant une nuit.

Le lendemain, portez la préparation à ébullition en remuant délicatement. Maintenez la cuisson à feu doux pendant dix minutes en remuant toujours. Écumez soigneusement. Ajoutez le pinot noir. Redonnez un bouillon. Écumez s'il y a lieu. Retirez les bâtons de réglisse. Vérifiez la nappe. Mettez votre confiture en pots aussitôt et couvrez.

Myrtilles des bois et citrons

- ❖ 1 KG DE MYRTILLES DES BOIS
- ❖ 1 KG DE SUCRE CRISTALLISÉ + 100 G
- ❖ 100 G D'EAU (10 CL)
- ❖ 250 G DE JUS DE CITRON (25 CL)
- ❖ 2 CITRONS NON TRAITÉS

Rincez les deux citrons à l'eau fraîche et coupez-les en très fines rondelles. Dans une bassine à confiture, pochez ces rondelles de citron avec 100 g de sucre cristallisé et l'eau préparée. Maintenez l'ébullition jusqu'à ce que les rondelles soient translucides. Rincez les myrtilles à l'eau fraîche sans les faire tremper. Ajoutez les myrtilles, le kilo de sucre, 250 g de jus de citron dans la bassine et portez au frémissement. Versez cette cuisson dans une terrine. Couvrez d'une feuille de papier sulfurisé et réservez au frais pendant une nuit.

Le lendemain, portez cette préparation à ébullition en remuant délicatement. Maintenez la cuisson pendant cinq minutes en remuant toujours. Écumez soigneusement. Redonnez un bouillon. Vérifiez la nappe. Mettez votre confiture en pots aussitôt et couvrez.

Gelée de myrtille

- ❖ 1,800 KG DE MYRTILLES
- ❖ 1 KG DE SUCRE CRISTALLISÉ
- ❖ 250 G D'EAU (25 CL)
- ❖ 1 JUS DE CITRON

Rincez les myrtilles à l'eau fraîche sans les faire tremper. Versez-les dans la bassine à confiture et portez à ébullition avec l'eau préparée. Couvrez votre bassine et laissez éclater les fruits à feu doux pendant cinq minutes. Recueillez le jus en versant cette préparation dans un chinois fin en pressant légèrement les fruits avec le dos de l'écumoire.

Filtrez une seconde fois ce jus en le passant dans une étamine préalablement mouillée et essorée.

Versez le jus obtenu (1,100 kg) dans une bassine à confiture avec le jus de citron et le sucre. Portez à ébullition pendant cinq minutes. Écumez soigneusement. Redonnez un bouillon. Vérifiez la nappe. Mettez votre gelée en pots aussitôt et couvrez.

Confiture de vieux garçon à la myrtille des bois, à la framboise des jardins et au kirsch

- ❖ 1 KG DE MYRTILLES DES BOIS
- ❖ 1 KG DE FRAMBOISES DES JARDINS
- ❖ 800 G DE SUCRE CRISTALLISÉ + 800 G
- ❖ 1 JUS DE CITRON
- ❖ 60 G DE KIRSCH (6 CL)

Rincez rapidement les myrtilles à l'eau fraîche sans les faire tremper. Dans une bassine à confiture, mélangez les myrtilles, 800 g de sucre et le jus d'un demi-citron. Portez au frémissement. Versez cette cuisson dans une terrine. Couvrez d'une feuille de papier sulfurisé et réservez au frais jusqu'au lendemain.

Rincez rapidement les framboises de la même façon. Et, dans une autre bassine à confiture, portez-les au frémissement avec 800 g de sucre et le jus d'un demi-citron. Versez cette cuisson dans une terrine. Couvrez d'une feuille de papier sulfurisé et réservez au frais jusqu'au lendemain.

Le lendemain, portez la préparation des myrtilles à ébullition en remuant délicatement. Maintenez la cuisson pendant dix minutes en remuant toujours et en écumant s'il y a lieu. Vérifiez la nappe. Mettez votre confiture en pots aussitôt en remplissant jusqu'à mi-hauteur. Laissez figer.

Pour terminer, portez la préparation des framboises à ébullition en remuant délicatement. Maintenez la cuisson pendant cinq minutes environ en remuant toujours et en écumant soigneusement. Vérifiez la nappe. Hors du feu, ajoutez le kirsch et finissez de remplir les pots. Ajoutez une ou deux gouttes de kirsch dans chaque pot et couvrez.

Vous pouvez remplacer les myrtilles par des mûres des bois.

Autrefois, dans chaque maison on confectionnait une confiture de vieux garçon avec des fruits et de l'alcool. En Alsace, après chaque cueillette de fruits rouges et noirs, du jardin ou des bois, on déposait, au fil des semaines, quelques poignées de fruits dans une grande terrine de terre cuite, on les couvrait au fur et à mesure de sucre et de kirsch. Dès l'automne, on pouvait déguster cette confiture accompagnée de gâteaux secs et croustillants, d'une semoule ou d'un fromage blanc.

Pêches blanches et jaunes

- ❖ 650 G DE PÊCHES BLANCHES, SOIT 500 G NET
- ❖ 650 G DE PÊCHES JAUNES, SOIT 500 G NET
- ❖ 800 G DE SUCRE CRISTALLISÉ
- ❖ 1 JUS DE CITRON

Blanchissez les pêches blanches et jaunes une minute dans une casserole d'eau bouillante. Rafraîchissez-les dans un bain d'eau très froide. Pelez-les et coupez-les en lamelles épaisses.

Dans une bassine à confiture, mélangez les lamelles de pêche, le sucre et le jus de citron.

Portez au frémissement puis versez cette cuisson dans une terrine. Couvrez les fruits d'une feuille de papier sulfurisé et réservez au frais pendant une nuit.

Le lendemain, versez cette préparation dans un tamis de soie. Dans la bassine à confiture, portez le sirop recueilli à ébullition pendant cinq minutes : il doit se concentrer à 105 °C au thermomètre, c'est-à-dire au petit perlé. Ajoutez les lamelles de pêche. Redonnez un bouillon de trois minutes. Écumez soigneusement. Redonnez un bouillon. Vérifiez la nappe. Mettez votre confiture en pots aussitôt et couvrez.

Les pêches que vous cueillez dans votre jardin sont moins belles d'aspect mais beaucoup plus goûteuses : elles feront de merveilleuses confitures. Elles sont habituellement plus petites, moins gorgées d'eau et, de ce fait, elles se tiendront mieux à la cuisson. Avec un tel fruit, le point de la nappe est plus rapidement atteint.

Pêches blanches
au thé rose de Chine

- ❖ 1,300 KG DE PÊCHES BLANCHES, SOIT 1 KG NET
- ❖ 800 G DE SUCRE CRISTALLISÉ
- ❖ 1 JUS DE CITRON
- ❖ 25 G DE THÉ ROSE DE CHINE
- ❖ 200 G D'EAU (20 CL)
- ❖ 1 POIGNÉE DE PÉTALES DE ROSES NON TRAITÉES ET SÉCHÉES

Blanchissez les pêches blanches une minute dans une casserole d'eau bouillante. Rafraîchissez-les dans un bain d'eau très froide. Pelez-les et coupez-les en lamelles. Dans une bassine à confiture, mélangez les lamelles de pêche, le sucre et le jus de citron. Portez au frémissement, puis versez cette cuisson dans une terrine. Couvrez les fruits d'une feuille de papier sulfurisé et réservez au frais pendant une nuit.
Le lendemain, versez cette préparation dans un tamis de soie. Dans la bassine à confiture, portez le sirop recueilli à ébullition pendant cinq minutes : il doit se concentrer à 105 °C au thermomètre, c'est-à-dire au petit perlé. Pendant ce temps, faites une infusion avec l'eau préparée et le thé : versez l'eau chaude sur le thé et laissez infuser trois minutes.
Ajoutez les lamelles de pêche dans le sirop de cuisson. Redonnez un bouillon de trois minutes. Écumez soigneusement. Ajoutez l'infusion de thé et les pétales de roses. Redonnez un bouillon. Vérifiez la nappe. Mettez votre confiture en pots aussitôt et couvrez.

Pêches jaunes au miel de lavande

❖ 1,300 KG DE PÊCHES JAUNES, SOIT 1 KG NET
❖ 500 G DE SUCRE CRISTALLISÉ
❖ 300 G DE MIEL DE LAVANDE
❖ 5 BRINS DE LAVANDE ODORANTE FRAÎCHE
❖ 5 BRINS DE LAVANDE SÉCHÉE
❖ 1 JUS DE CITRON

Blanchissez les pêches jaunes une minute dans une casserole d'eau bouillante. Rafraîchissez-les dans un bain d'eau très froide. Pelez-les et coupez-les en dés. Dans une bassine à confiture, mélangez les dés de pêche, le sucre, le miel de lavande, le jus de citron et la lavande odorante enfermée dans une mousseline. Portez au frémissement, puis versez cette cuisson dans une terrine. Couvrez les fruits d'une feuille de papier sulfurisé et réservez au frais pendant une nuit.
Le lendemain, versez cette préparation dans un tamis de soie. Dans une bassine à confiture, portez le sirop recueilli à ébullition pendant cinq minutes : il doit se concentrer à 105 °C au thermomètre, c'est-à-dire au petit perlé. Ajoutez les dés de pêche. Redonnez un bouillon de trois minutes. Écumez soigneusement. Donnez un nouveau bouillon. Vérifiez la nappe. Mettez votre confiture en pots aussitôt. Décorez une facette de chaque pot d'un brin de lavande séchée et couvrez.

Cette confiture aura une texture un peu comparable à celle du miel.

Pêches jaunes et oranges

- ❖ 1,300 kg de pêches jaunes, soit 1 kg net
- ❖ 800 g de sucre cristallisé + 200 g
- ❖ 1 orange non traitée
- ❖ 1 jus d'orange
- ❖ 1 jus de citron
- ❖ 100 g d'eau (10 cl)

Rincez une orange à l'eau fraîche et coupez-la en très fines lamelles. Dans une bassine à confiture, pochez ces lamelles avec le jus d'orange, 200 g de sucre et l'eau préparée. Maintenez l'ébullition jusqu'à ce que les rondelles d'orange soient translucides.

Blanchissez les pêches jaunes une minute dans une casserole d'eau bouillante. Rafraîchissez-les dans un bain d'eau très fraîche. Pelez-les et coupez-les en lamelles. Dans la bassine à confiture, mélangez les lamelles de pêche, le sucre et le jus de citron aux rondelles d'orange. Portez au frémissement, puis versez cette cuisson dans une terrine. Couvrez les fruits d'une feuille de papier sulfurisé et réservez au frais pendant une nuit.

Le lendemain, versez cette préparation dans un tamis de soie. Dans la bassine à confiture, portez le sirop recueilli à ébullition pendant cinq minutes : il doit se concentrer à 105 °C au thermomètre, c'est-à-dire au petit perlé. Ajoutez les lamelles de pêche et les rondelles d'orange. Redonnez un bouillon de trois minutes. Écumez soigneusement. Donnez un nouveau bouillon. Vérifiez la nappe. Mettez votre confiture en pots aussitôt et couvrez.

Gelée de pomme verte

- ❖ 1,500 KG DE POMMES VERTES DES JARDINS
- ❖ 1 KG DE SUCRE CRISTALLISÉ
- ❖ 1,500 KG D'EAU (1,5 L)
- ❖ 1 JUS DE CITRON

Choisissez des pommes vertes, de préférence en juillet, lorsqu'elles ne sont pas encore mûres. Rincez les pommes à l'eau fraîche. Ôtez la queue et coupez les fruits en quatre sans les peler. Mettez-les dans une casserole et couvrez-les de l'eau préparée. Après ébullition, laissez mijoter pendant une heure à feu doux.

Recueillez le jus en versant cette préparation dans un chinois fin et en pressant légèrement les fruits avec le dos de l'écumoire. Puis filtrez une seconde fois ce jus à l'étamine préalablement mouillée et essorée.

Versez le jus obtenu (1 kg) dans une bassine à confiture avec le jus de citron et le sucre. Portez soigneusement à ébullition pendant cinq minutes. Écumez soigneusement, vérifiez la nappe.

Versez votre gelée dans des pots et réservez.

Vous ajouterez cette gelée aux confitures de poires, de cerises, qui contiennent très peu de pectine : elle en facilitera la prise.

Choisissez des pommes bien vertes, de préférence au début du mois de juillet, lorsqu'elles ne sont

pas encore mûres. Vous pouvez faire une compote
de la pulpe recueillie en la passant au moulin
à légumes (grille épaisse) : sucrez et épicez
à volonté.

Gelée de pomme du jardin d'Alice

❖ 1,500 KG DE POMMES DES JARDINS
❖ 1,500 KG D'EAU (1,5 L)
❖ 1 KG DE SUCRE CRISTALLISÉ
❖ 1 JUS DE CITRON
❖ LE ZESTE FINEMENT RÂPÉ D'UN DEMI-CITRON NON TRAITÉ

Choisissez des pommes bien vertes, de préférence au début du mois de juillet, lorsqu'elles ne sont pas encore mûres.

Rincez les pommes à l'eau fraîche. Retirez les queues et coupez les fruits en quatre sans les peler. Posez-les dans une bassine à confiture et couvrez-les de l'eau préparée.

Après ébullition, laissez mijoter pendant une demi-heure à feu doux. Les pommes seront tendres au toucher. Recueillez le jus en versant cette préparation dans un chinois fin et en pressant légèrement les fruits avec le dos de l'écumoire. Puis filtrez une seconde fois ce jus à l'étamine préalablement mouillée et essorée. Laissez-le s'écouler librement.

Il est préférable de laisser reposer ce jus pendant une nuit au frais.

Le lendemain, pesez 1 kg du jus obtenu en laissant dans la terrine le dépôt qui s'est formé durant la nuit afin d'obtenir une gelée plus claire. Versez ce jus dans la bassine à confiture avec le sucre, le jus de citron et les zestes. Portez à ébullition pendant cinq minutes. Écumez soigneusement. Vérifiez la nappe. Mettez votre gelée en pots aussitôt et couvrez.

Cette gelée est idéale pour glacer vos tartes aux fruits.

Gelée de pomme des jardins au thé de Ceylan Strong Breakfast

❖ 1,500 KG DE POMMES DES JARDINS
❖ 1 KG DE SUCRE CRISTALLISÉ
❖ 1,500 KG D'EAU (1,5 L) + 200 G (20 CL)
❖ 1 JUS DE CITRON
❖ 25 G DE THÉ DE CEYLAN STRONG BREAKFAST

Rincez les pommes à l'eau fraîche. Retirez les queues et coupez les fruits en quatre sans les peler. Posez-les dans une bassine à confiture et couvrez-les de l'eau préparée.

Après ébullition, laissez mijoter pendant une demi-heure à feu doux. Les pommes doivent être tendres au toucher. Recueillez le jus en versant cette préparation dans un chinois fin et en pressant légèrement les fruits avec le dos de l'écumoire. Puis filtrez une seconde fois ce jus à l'étamine préalablement mouillée et essorée. Laissez le jus s'écouler librement.

Il est préférable de laisser reposer ce jus pendant une nuit au frais.

Le lendemain, pesez 1 kg du jus obtenu en laissant dans la terrine le dépôt qui s'est formé durant la nuit afin d'obtenir une gelée plus claire. Versez le jus de pomme dans la bassine à confiture avec le sucre et le jus de citron. Portez à ébullition pendant huit minutes. Écumez soigneusement.

Pendant ce temps, faites une infusion avec l'eau préparée et le thé : versez l'eau chaude sur le thé et laissez infuser trois minutes.
Ajoutez l'infusion. Redonnez un bouillon. Vérifiez la nappe. Mettez votre gelée en pots aussitôt et couvrez.

Vous pouvez choisir d'autres thés que le Ceylan Strong Breakfast. La saveur douce des pommes permet toutes sortes de mariages.
L'important est de respecter le temps d'infusion, sinon le thé sera âcre au goût. C'est aussi pour cette raison qu'on l'introduit à la fin de la recette, pour un unique bouillon avant la mise en pots.

Gelée de pomme sauvage à la cannelle et aux zestes d'agrumes

- ❖ 1,500 KG DE POMMES SAUVAGES
- ❖ 1 KG DE SUCRE CRISTALLISÉ
- ❖ 1,500 KG D'EAU (1,5 L)
- ❖ LE ZESTE FINEMENT RÂPÉ D'UN DEMI-CITRON NON TRAITÉ
- ❖ LE ZESTE FINEMENT RÂPÉ D'UNE DEMI-ORANGE NON TRAITÉE
- ❖ 1 JUS D'ORANGE
- ❖ 1 JUS DE CITRON
- ❖ 1 BÂTON DE CANNELLE

Rincez les pommes à l'eau fraîche. Retirez les queues et coupez les fruits en quatre sans les peler. Posez les fruits dans une bassine à confiture et couvrez-les de l'eau préparée.

Après ébullition, laissez mijoter pendant une demi-heure à feu doux. Recueillez le jus en versant cette préparation dans un chinois fin et en pressant légèrement les fruits avec le dos de l'écumoire. Puis filtrez une seconde fois ce jus à l'étamine préalablement mouillée et essorée. Laissez le jus s'écouler librement. Il est préférable de le laisser reposer pendant une nuit au frais.

Le lendemain, pesez 1 kg du jus obtenu en laissant dans la terrine le dépôt qui s'est formé durant la nuit afin d'obtenir une gelée plus claire. Versez le jus dans la bassine à confiture avec le sucre, le jus et le zeste d'orange, et le jus et le zeste de citron, ainsi que le bâton de cannelle. Portez à ébullition pendant cinq minutes. Écumez soigneusement. Vérifiez la nappe. Retirez le bâton de cannelle : vous en décorerez les facettes de vos pots. Mettez votre gelée en pots aussitôt et couvrez.

Les pommes sauvages poussent à la lisière des bois de feuillus. La cueillette se fait aux environs de la mi-juillet lorsque les pommes ne sont pas encore mûres. Cette gelée révèle un parfum plus concentré qu'une simple gelée de pomme des jardins, son acidité est plus marquée. Sans épices et sans agrumes, elle est tout aussi délicate.

Quetsches d'Alsace

❖ 1,100 KG DE QUETSCHES D'ALSACE, SOIT 1 KG NET
❖ 800 G DE SUCRE CRISTALLISÉ
❖ 1 JUS DE CITRON

Passez rapidement les quetsches à l'eau fraîche, séchez-les dans un torchon, coupez-les en deux dans le sens de la longueur afin de les dénoyauter. Mélangez-les au sucre et au jus de citron dans une terrine. Après une heure de macération, versez cette préparation dans une bassine à confiture et portez au frémissement. Puis versez à nouveau cette cuisson dans une terrine. Couvrez les fruits d'une feuille de papier sulfurisé et réservez au frais pendant une nuit.

Le lendemain, égouttez les fruits dans un tamis fin. Portez le sirop recueilli à ébullition pendant cinq minutes environ : il doit se concentrer à 105 °C au thermomètre, c'est-à-dire au petit perlé. Ajoutez les quetsches et maintenez la cuisson en remuant délicatement pendant trois minutes. Écumez soigneusement. Vérifiez la nappe. Mettez votre confiture en pots aussitôt et couvrez.

La quetsche peut être utilisée à différents stades de maturité. Autrefois, on faisait des confitures avec des quetsches vertes. J'ai longtemps utilisé des fruits à peine mûrs. Un ami m'a appris à mieux les choisir : pour une confiture, les quetsches sont meilleures dans leur pleine maturité. Leur chair a une couleur jaune doré et un léger goût de confit. C'est un fruit qui se marie parfaitement avec les épices. D'ailleurs, lorsqu'on parle de tarte alsacienne, on pense à une tarte aux quetsches finement parsemée de sucre à la cannelle. Pierre Hermé me rappelait dernièrement qu'enfant il se régalait avec des beignets fourrés de confiture de quetsches et enrobés de sucre à la cannelle.

Quetsches d'Alsace et quetsches séchées aux noix

- ❖ 1,200 KG DE QUETSCHES D'ALSACE QUE L'ON FERA SÉCHER
- ❖ 1,200 KG DE QUETSCHES D'ALSACE FRAÎCHES, SOIT 1 KG NET
- ❖ 800 G DE SUCRE CRISTALLISÉ
- ❖ 1 JUS DE CITRON
- ❖ 250 G DE CERNEAUX DE NOIX BRISÉS

Pour le séchage des quetsches, passez rapidement les quetsches à l'eau fraîche, rangez-les sur une grille que vous glissez dans un four à 70 °C pendant douze heures environ. Dénoyautez les quetsches par une simple pression sur le ventre dodu. Après refroidissement, coupez-les en deux.

Rincez et séchez le restant des quetsches dans un torchon. Coupez-les en deux dans le sens de la longueur afin de les dénoyauter. Dans une terrine, mélangez les fruits ainsi préparés au sucre, aux quetsches séchées et coupées et au jus de citron. Laissez macérer pendant une heure, puis versez dans une bassine à confiture. Portez à ébullition pendant une minute. Versez à nouveau dans la terrine. Couvrez d'une feuille de papier sulfurisé et réservez au frais pendant une nuit. Le lendemain, portez cette préparation à ébullition, ajoutez les cerneaux de noix brisés, et maintenez la cuisson pendant cinq minutes en remuant délicatement. Écumez soigneusement, redonnez un bouillon. Vérifiez la nappe. Mettez votre confiture en pots aussitôt et couvrez.

Quetsches d'Alsace et mirabelles à la cannelle

- ❖ 600 G DE QUETSCHES D'ALSACE, SOIT 500 G NET
- ❖ 600 G DE MIRABELLES DE NANCY, SOIT 500 G NET
- ❖ 800 G DE SUCRE CRISTALLISÉ
- ❖ 1 JUS DE CITRON
- ❖ 2 BÂTONS DE CANNELLE

Passez rapidement les quetsches et les mirabelles à l'eau fraîche, séchez-les dans un torchon, fendez-les afin d'en retirer les noyaux.

Dans une terrine, mélangez les fruits ainsi préparés au sucre, au jus de citron et à la cannelle. Après une heure de macération, versez cette préparation dans une bassine à confiture et portez à ébullition pendant une minute. Versez à nouveau dans la terrine. Couvrez d'une feuille de papier sulfurisé et réservez au frais pendant une nuit.

Le lendemain, portez cette préparation à ébullition, maintenez la cuisson pendant cinq minutes en remuant délicatement. Écumez soigneusement, redonnez un bouillon, retirez le bâton de cannelle. Vérifiez la nappe. Mettez votre confiture en pots aussitôt et couvrez.

Quetsches d'Alsace au sureau et au miel de fleurs

* ❖ 1,200 KG DE QUETSCHES D'ALSACE, SOIT 1 KG NET
* ❖ 250 G DE BAIES DE SUREAU
* ❖ 800 G DE SUCRE CRISTALLISÉ
* ❖ 1 JUS DE CITRON
* ❖ 200 G DE MIEL DE FLEURS

Passez rapidement les quetsches à l'eau fraîche, séchez-les dans un torchon, fendez-les pour en retirer les noyaux.

Rincez le sureau avant d'égrapper les baies. Dans une terrine, mélangez les fruits ainsi préparés au sucre, au miel, au jus de citron. Laissez macérer pendant une heure, puis versez dans une bassine à confiture et portez à ébullition pendant une minute. Versez à nouveau dans une terrine. Couvrez d'une feuille de papier sulfurisé et réservez au frais pendant une nuit.

Le lendemain, portez cette préparation à ébullition, maintenez la cuisson pendant cinq minutes en remuant délicatement, puis écumez soigneusement. Redonnez un bouillon. Vérifiez la nappe. Mettez votre confiture en pots aussitôt et couvrez.

Quetsches et pommes à l'anis et à la vanille

- ❖ 600 G DE QUETSCHES D'ALSACE, SOIT 500 G NET
- ❖ 750 G DE POMMES IDARED, SOIT 500 G NET
- ❖ 800 G DE SUCRE CRISTALLISÉ
- ❖ 1 JUS DE CITRON
- ❖ 1 ÉTOILE D'ANIS (BADIANE)
- ❖ 2 GOUSSES DE VANILLE

Passez rapidement les quetsches à l'eau fraîche, séchez-les dans un torchon, coupez-les en deux dans le sens de la longueur afin de les dénoyauter.

Pelez les pommes, videz-les, coupez-les en fines lamelles. Dans une terrine, mélangez les fruits ainsi préparés au sucre, au jus de citron, à l'anis et aux gousses de vanille fendues sur leur longueur. Après une heure de macération, versez cette préparation dans une bassine à confiture et portez-la à ébullition pendant une minute. Versez à nouveau dans la terrine. Couvrez d'une feuille de papier sulfurisé et réservez au frais pendant une nuit.

Le lendemain, portez à nouveau cette préparation à ébullition pendant cinq minutes en remuant délicatement. Écumez soigneusement. Redonnez un bouillon, retirez la vanille et l'anis. Mettez votre confiture en pots aussitôt et couvrez.

On peut garnir chaque pot d'un morceau de vanille et d'une pointe d'étoile d'anis.

L'alsacienne

- 1,200 KG DE QUETSCHES D'ALSACE, SOIT 1 KG NET
- 300 G DE PINOT NOIR D'ALSACE (30 CL)
- 1 KG DE SUCRE CRISTALLISÉ
- 1 JUS DE CITRON
- 1 GOUSSE DE VANILLE

Passez rapidement les quetsches à l'eau fraîche, séchez-les dans un torchon, fendez-les afin d'en retirer les noyaux. Dans une terrine, mélangez les fruits ainsi préparés au sucre, au jus de citron, à la gousse de vanille fendue sur sa longueur. Laissez macérer pendant une heure, puis versez dans une bassine à confiture et portez à ébullition pendant une minute. Versez à nouveau dans une terrine. Couvrez d'une feuille de papier sulfurisé et réservez au frais pendant une nuit. Le lendemain, portez à nouveau à ébullition, maintenez la cuisson pendant cinq minutes en remuant délicatement. Écumez soigneusement, ajoutez le pinot noir. Redonnez un bouillon, écumez encore s'il y a lieu, retirez les gousses de vanille. Redonnez un bouillon. Vérifiez la nappe. Mettez votre confiture en pots aussitôt et couvrez.

Reines-claudes

❖ 1,200 KG DE REINES-CLAUDES, SOIT 1,100 KG NET
❖ 800 G DE SUCRE CRISTALLISÉ
❖ 1 JUS DE CITRON

Lavez les reines-claudes, égouttez-les, fendez-les afin d'en retirer les noyaux. Dans une terrine, mélangez les fruits au sucre et au jus de citron. Après une heure de macération, portez cette préparation au frémissement. Puis versez dans une terrine. Couvrez d'une feuille de papier sulfurisé et réservez au frais pendant une nuit. Le lendemain, égouttez les fruits dans un tamis fin. Portez le sirop recueilli à ébullition pendant cinq minutes environ : il doit se concentrer à 105 °C au thermomètre, c'est-à-dire au petit perlé. Ajoutez les reines-claudes et maintenez la cuisson en remuant délicatement pendant trois minutes. Écumez soigneusement. Vérifiez la nappe. Mettez votre confiture en pots aussitôt et couvrez.

Reines-claudes à la vanille et aux citrons séchés

- ❖ 1,200 KG DE REINES-CLAUDES, SOIT 1,100 KG NET
- ❖ 800 G DE SUCRE CRISTALLISÉ
- ❖ 3 JUS DE CITRON
- ❖ 3 CITRONS NON TRAITÉS
- ❖ 2 GOUSSES DE VANILLE

Pour sécher les rondelles de citron, lavez les citrons, essuyez-les dans un torchon, coupez-les en rondelles. Rangez ces rondelles sur une grille et séchez-les dans un four à 50-60 °C pendant huit heures.

Lavez les reines-claudes, égouttez-les, fendez-les afin d'en retirer les noyaux. Mélangez-les au sucre et aux jus de citron dans une terrine. Après une heure de macération, versez dans une bassine à confiture et portez cette préparation à ébullition pendant une minute.

Versez à nouveau dans une terrine. Couvrez d'une feuille de papier sulfurisé et réservez au frais pendant une nuit. Le lendemain, portez à nouveau cette préparation à ébullition avec les gousses de vanille fendues sur leur longueur et les rondelles de citron séchées coupées en petits morceaux. Maintenez la cuisson pendant cinq minutes en remuant délicatement. Écumez soigneusement, redonnez un bouillon. Vérifiez la nappe. Mettez votre confiture en pots aussitôt et couvrez.

Mirabelles

- ❖ 1,100 KG DE MIRABELLES DE NANCY, SOIT 1 KG NET
- ❖ 800 G DE SUCRE CRISTALLISÉ
- ❖ 1 JUS DE CITRON

Rincez les mirabelles à l'eau fraîche. Séchez-les dans un torchon, fendez-les afin d'en retirer les noyaux. Dans une terrine, mélangez-les au sucre et au jus de citron. Après une heure de macération, versez cette préparation dans une bassine à confiture et portez au frémissement. Puis versez à nouveau cette cuisson dans une terrine. Couvrez d'une feuille de papier sulfurisé et réservez au frais pendant une nuit.

Le lendemain, égouttez les fruits dans un tamis fin. Portez le sirop recueilli à ébullition pendant cinq minutes environ : il doit se concentrer à 105 °C au thermomètre, c'est-à-dire au petit perlé. Ajoutez les mirabelles et maintenez la cuisson en remuant délicatement pendant trois minutes. Écumez soigneusement. Vérifiez la nappe. Mettez votre confiture en pots et couvrez.

Je choisis toujours des mirabelles de Nancy : cette variété aux joues rosées a un goût de miel tout à fait exquis. Il faut les cueillir à maturité mais fermes, sinon elles se défont à la cuisson.

Mirabelles, oranges et cardamome

- ❖ 1,100 kg de mirabelles de Nancy, soit 1 kg net
- ❖ 200 g de sucre cristallisé + 800 g
- ❖ 2 oranges non traitées
- ❖ 100 g d'eau (10 cl)
- ❖ 1 jus de citron
- ❖ 3 g de cardamome

Passez les oranges sous l'eau fraîche et coupez-les en très fines rondelles. Rincez les mirabelles à l'eau fraîche, séchez-les dans un torchon. Fendez-les afin d'en retirer les noyaux. Dans une bassine à confiture, pochez les rondelles d'orange avec 200 g de sucre et l'eau préparée. Maintenez la cuisson à ébullition jusqu'à ce que les rondelles soient translucides. Ajoutez les mirabelles, le jus de citron, la cardamome, 800 g de sucre. Portez cette préparation au frémissement, versez dans une terrine. Couvrez d'une feuille de papier sulfurisé et réservez au frais pendant une nuit.
Le lendemain, portez à nouveau cette préparation à ébullition. Maintenez la cuisson pendant cinq minutes en remuant délicatement. Écumez soigneusement. Redonnez un bouillon. Vérifiez la nappe. Mettez votre confiture en pots aussitôt et couvrez.

Mirabelles au gewurztraminer et à la vanille

❖ 1,100 KG DE MIRABELLES DE NANCY, SOIT 1 KG NET
❖ 1 KG DE SUCRE CRISTALLISÉ
❖ 300 G DE GEWURZTRAMINER (30 CL)
❖ 1 JUS DE CITRON
❖ 3 GOUSSES DE VANILLE

Rincez les mirabelles à l'eau fraîche. Séchez-les dans un torchon, fendez-les afin d'en retirer les noyaux. Dans une terrine, mélangez les fruits ainsi coupés au sucre, au jus de citron et aux gousses de vanille fendues sur leur longueur. Laissez macérer pendant une heure, puis versez dans une bassine à confiture. Portez au frémissement. Versez cette cuisson dans une terrine. Couvrez d'une feuille de papier sulfurisé et réservez au frais pendant une nuit.

Le lendemain, portez à nouveau cette préparation à ébullition, maintenez la cuisson pendant cinq minutes en remuant délicatement. Écumez soigneusement, ajoutez le gewurztraminer, redonnez un bouillon. Écumez à nouveau, retirez les gousses de vanille. Vérifiez la nappe. Mettez votre confiture en pots aussitôt et couvrez.

Mirabelles au citron et au miel de tilleul

- 1,100 KG DE MIRABELLES DE NANCY, SOIT 1 KG NET
- 100 G DE SUCRE CRISTALLISÉ + 500 G
- 100 G D'EAU (10 CL)
- 2 CITRONS NON TRAITÉS
- 1 JUS DE CITRON
- 250 G DE MIEL DE TILLEUL

Rincez les citrons à l'eau fraîche et coupez-les en très fines rondelles. Rincez de même les mirabelles, séchez-les dans un torchon, fendez-les afin d'en retirer les noyaux.

Dans une bassine à confiture, pochez les rondelles de citron avec 100 g de sucre et l'eau préparée. Maintenez l'ébullition jusqu'à ce que les rondelles soient translucides. Ajoutez les mirabelles, le jus de citron, le miel, le sucre. Portez cette préparation jusqu'au frémissement. Versez dans une terrine. Couvrez d'une feuille de papier sulfurisé et réservez au frais pendant une nuit.

Le lendemain, portez à nouveau à ébullition, maintenez la cuisson pendant cinq minutes en remuant délicatement. Écumez soigneusement, redonnez un bouillon. Vérifiez la nappe. Mettez votre confiture en pots aussitôt et couvrez.

Mirabelles et camomille

- ❖ 1,100 KG DE MIRABELLES DE NANCY, SOIT 1 KG NET
- ❖ 1 KG DE SUCRE CRISTALLISÉ
- ❖ 1 JUS DE CITRON
- ❖ 25 G DE FLEURS DE CAMOMILLE (MATRICAIRE)
- ❖ 300 G D'EAU (30 CL)

Rincez les mirabelles à l'eau fraîche, séchez-les dans un torchon, fendez-les afin d'en retirer les noyaux. Dans une terrine, mélangez les fruits ainsi coupés au sucre et au jus de citron.

Après une heure de macération, versez cette préparation dans une bassine à confiture et portez-la au frémissement. Versez cette cuisson dans une terrine. Couvrez d'une feuille de papier sulfurisé et réservez au frais pendant une nuit.

Le lendemain, portez cette préparation à ébullition, maintenez la cuisson pendant cinq minutes en remuant délicatement. Écumez soigneusement. Pendant ce temps, faites une infusion avec l'eau préparée et la camomille : laissez infuser deux minutes. Versez l'infusion dans la confiture. Redonnez un bouillon. Écumez encore s'il y a lieu. Vérifiez la nappe. Mettez votre confiture en pots et couvrez.

Gelée de sureau

- 1,800 KG DE BAIES DE SUREAU
- 1 KG DE SUCRE CRISTALLISÉ
- 200 G D'EAU (20 CL)
- 1 JUS DE CITRON

Rincez le sureau à l'eau fraîche, égouttez-le et égrappez-le.

Versez les baies dans la bassine à confiture et portez-les à ébullition avec l'eau préparée. Couvrez la bassine et laissez éclater les baies à feu doux pendant cinq minutes. Recueillez le jus en versant cette préparation dans un chinois fin et en pressant les fruits avec le dos de l'écumoire. Puis filtrez ce jus en le passant dans une étamine préalablement mouillée et essorée. Versez le jus obtenu (1,100 kg) dans la bassine à confiture avec le jus de citron et le sucre. Portez à ébullition pendant dix minutes. Écumez soigneusement. Redonnez un bouillon. Vérifiez la nappe. Mettez votre gelée en pots aussitôt et couvrez.

Pour réussir votre gelée, vous devez cueillir les baies de sureau lorsqu'elles sont bien noires mais encore fermes.

On peut réduire la quantité de sucre dans cette préparation. Mais alors il faudra prolonger la cuisson. Votre confiture aura un goût un peu âpre et caramélisé.

Automne

Confiture aux fruits secs, aux quartiers de pomme et aux noix fraîches

* ❖ 1,200 KG DE POMMES IDARED, SOIT 1 KG NET
* ❖ 400 G DE SUCRE CRISTALLISÉ
* ❖ 2 JUS DE CITRON
* ❖ 100 G D'EAU (10 CL)
* ❖ 300 G D'ABRICOTS SECS TRÈS MOELLEUX
* ❖ 300 G DE FIGUES SÉCHÉES TRÈS MOELLEUSES
* ❖ 100 G DE NOIX FRAÎCHES DÉCORTIQUÉES
* ❖ 200 G DE GELÉE DE POMME VERTE
* ❖ UNE POINTE DE COUTEAU DE CANNELLE MOULUE

Pelez les pommes. Enlevez les queues, videz-les et coupez chaque pomme en huit quartiers.

Dans une bassine à confiture, mélangez les pommes, le sucre, l'eau préparée et les jus de citron. Portez cette préparation au frémissement. Versez cette cuisson dans une terrine. Couvrez les fruits d'une feuille de papier sulfurisé et réservez au frais pendant une nuit.

Le lendemain, recommencez cette opération.

Le troisième jour, décortiquez et pelez les noix fraîches. Puis portez à nouveau la préparation à ébullition en y ajoutant la gelée de pomme, les fruits séchés taillés en bâtonnets de 1 mm de longueur et la cannelle.

Maintenez la cuisson à feu doux en remuant délicatement pendant dix minutes environ. Écumez s'il y a lieu. Ajoutez les noix fraîches. Redonnez un bouillon. Vérifiez la nappe. Mettez votre confiture en pots aussitôt et couvrez.

Si vous ne trouvez pas de figues et d'abricots moelleux, vous pouvez les faire tremper dans de l'eau froide et les laisser se réhydrater pendant douze heures en renouvelant l'eau deux ou trois fois au cours de la journée.

Châtaignes et vanille

- 1,200 KG DE CHÂTAIGNES, SOIT 700 G NET
- 800 G DE SUCRE CRISTALLISÉ
- 400 G D'EAU (40 CL)
- 1 GOUSSE DE VANILLE

Incisez profondément les châtaignes une à une avec la pointe d'un couteau afin d'entailler les deux peaux. Plongez-les dans de l'eau bouillante. Après trois minutes, on peut déjà retirer l'écorce et la seconde peau. Pour les peler facilement, il est important que les châtaignes ne refroidissent pas. Sinon, la seconde peau sera difficile à ôter.

Dans une bassine à confiture, mélangez les châtaignes, le sucre, l'eau préparée et la gousse de vanille fendue sur sa longueur. Portez à ébullition en remuant délicatement. Versez dans une terrine. Couvrez d'une feuille de papier sulfurisé et réservez au frais pendant une nuit.

Le lendemain, portez cette préparation à ébullition en remuant continuellement. Écrasez les plus gros morceaux de châtaigne à l'aide de votre cuillère en bois. Maintenez la cuisson pendant cinq minutes. Écumez s'il y a lieu. Retirez la gousse de vanille, que vous partagerez entre les pots. Redonnez un bouillon. Vérifiez la nappe. Mettez votre confiture en pots aussitôt et couvrez.

Châtaignes et noix fraîches

- ❖ 1,200 KG DE CHÂTAIGNES, SOIT 700 G NET
- ❖ 800 G DE SUCRE CRISTALLISÉ
- ❖ 400 G D'EAU (40 CL)
- ❖ 100 G DE NOIX FRAÎCHES DÉCORTIQUÉES
- ❖ 1 GOUSSE DE VANILLE

Incisez profondément les châtaignes une à une avec la pointe d'un couteau afin d'entailler les deux peaux. Plongez-les dans de l'eau bouillante. Après trois minutes, on peut déjà retirer l'écorce et la seconde peau. Pour les peler facilement, il est important que les châtaignes ne refroidissent pas. Sinon, la seconde peau sera difficile à ôter.

Dans une bassine à confiture, mélangez les châtaignes, le sucre, l'eau préparée et la gousse de vanille fendue sur sa longueur. Portez à ébullition en remuant délicatement. Versez dans une terrine. Couvrez d'une feuille de papier sulfurisé et réservez au frais pendant une nuit.

Le lendemain, décortiquez et pelez les noix fraîches. Portez la préparation des châtaignes à ébullition en remuant continuellement. Écrasez les plus gros morceaux de châtaigne à l'aide de votre cuillère en bois. Ajoutez les noix. Maintenez la cuisson pendant cinq minutes. Écumez s'il y a lieu. Retirez la gousse de vanille, que vous partagerez entre les pots. Redonnez un bouillon. Vérifiez la nappe. Mettez votre confiture en pots aussitôt et couvrez.

Châtaignes et poires williams à la vanille

- ❖ 1,200 KG DE CHÂTAIGNES, SOIT 700 G NET
- ❖ 1,200 KG DE POIRES WILLIAMS, SOIT 1 KG NET
- ❖ 800 G DE SUCRE CRISTALLISÉ + 800 G
- ❖ 400 G D'EAU (40 CL)
- ❖ 1 JUS DE CITRON
- ❖ 2 GOUSSES DE VANILLE

Incisez profondément les châtaignes une à une avec la pointe d'un couteau afin d'entailler les deux peaux. Plongez-les dans de l'eau bouillante. Après trois minutes, on peut déjà retirer l'écorce et la seconde peau. Pour les peler facilement, il est important que les châtaignes ne refroidissent pas. Sinon, la seconde peau sera difficile à ôter.

Dans une bassine à confiture, mélangez les châtaignes, le sucre, l'eau préparée et une gousse de vanille fendue sur sa longueur. Portez à ébullition en remuant délicatement. Versez dans une terrine. Couvrez d'une feuille de papier sulfurisé et réservez au frais pendant une nuit.

Pelez les poires, videz-les, coupez-les en dés. Dans une bassine à confiture, mélangez les poires, le sucre, le jus de citron et la deuxième gousse de vanille fendue sur sa longueur. Portez cette préparation au frémissement. Versez cette cuisson dans une terrine et couvrez les fruits d'une feuille de papier sulfurisé. Réservez au frais pendant une nuit.

Le lendemain, passez les châtaignes au moulin à légumes (grille épaisse). Puis portez les deux préparations à ébullition *séparément*, en remuant délicatement. Maintenez chaque cuisson pendant cinq minutes, tout en remuant et en écumant soigneusement. Retirez les gousses de vanille. Mélangez les deux confitures dans une même bassine. Redonnez un bouillon. Écumez encore s'il y a lieu. Vérifiez la nappe. Mettez votre confiture en pots aussitôt et couvrez.

Jus de coing

Choisissez de beaux coings bien mûrs. Essuyez les coings avec un torchon pour retirer le fin duvet qui les recouvre.

Lavez les coings à l'eau fraîche, enlevez la queue et ce qui reste de la fleur. Coupez-les en quatre.

Mettez les quartiers de coing dans la bassine à confiture et couvrez-les d'eau. Portez à ébullition et laissez bouillonner à feu doux pendant une heure en remuant de temps en temps. Recueillez le jus en versant cette préparation dans un chinois fin et en pressant légèrement les fruits avec le dos de l'écumoire. Puis filtrez une seconde fois ce jus à l'étamine préalablement mouillée et essorée. Laissez-le s'écouler librement.

Je vous conseille de laisser reposer ce jus pendant une nuit au frais. Pour obtenir une gelée lumineuse, veillez à décanter le jus avant de l'utiliser.

Ce jus entre dans la composition de nombreuses recettes de confitures et de gelées de coing.

On peut faire une compote de la pulpe recueillie en la passant au moulin à légumes, en la sucrant et en l'épiçant de cardamome, de cannelle ; ajoutez aussi des zestes d'orange ou de citron.

Gelée de coing

- ❖ 1 KG DE JUS DE COING (1 L)
- ❖ 950 G DE SUCRE CRISTALLISÉ
- ❖ 1 JUS DE CITRON

Versez dans une bassine à confiture le jus de coing, le sucre et le jus de citron.

Portez à ébullition pendant dix minutes en écumant soigneusement.

Vérifiez la nappe, redonnez un bouillon.

Mettez votre gelée en pots aussitôt et couvrez.

Gelée de coing aux épices

- ❖ 1 KG DE JUS DE COING (1 L)
- ❖ 800 G DE SUCRE CRISTALLISÉ
- ❖ UNE POINTE DE COUTEAU DE ZESTE DE CITRON NON TRAITÉ
- ❖ DEUX POINTES DE COUTEAU DE ZESTE D'ORANGE NON TRAITÉE
- ❖ 1 JUS DE CITRON
- ❖ 1 CLOU DE GIROFLE
- ❖ UNE POINTE DE COUTEAU DE CANNELLE MOULUE
- ❖ UNE POINTE DE COUTEAU D'ÉPICES À PAIN D'ÉPICES MOULUES
- ❖ UNE POINTE DE COUTEAU DE GINGEMBRE RÂPÉ

Versez dans une bassine à confiture le jus de coing, le sucre, le jus de citron, les zestes, les épices.

Portez à ébullition pendant dix minutes en écumant soigneusement.

Vérifiez la nappe. Redonnez un bouillon.

Mettez votre gelée en pots aussitôt et couvrez.

Coings, oranges et cardamome

- ❖ 1,250 KG DE COINGS, SOIT 700 G NET
- ❖ 200 G DE JUS DE COING (20 CL)
- ❖ 700 G DE SUCRE CRISTALLISÉ + 100 G
- ❖ 2 ORANGES, SOIT 100 G DE FINES RONDELLES
- ❖ 1 JUS DE CITRON
- ❖ 2 JUS D'ORANGE
- ❖ UNE POINTE DE COUTEAU DE CARDAMOME MOULUE

Essuyez les coings avec un torchon pour retirer le fin duvet qui les recouvre. Lavez-les à l'eau fraîche, épluchez-les, enlevez la queue, ce qui reste de la fleur, les parties dures. Coupez-les en quatre, enlevez le cœur et les pépins ; coupez-les en quartiers, puis en fines lamelles.

Dans une bassine à confiture pochez les rondelles d'orange avec 100 g de sucre et les jus d'orange. Maintenez l'ébullition jusqu'à ce que les rondelles soient translucides. Ajoutez les lamelles, le jus de coing, le jus de citron, 700 g de sucre et la cardamome. Portez au frémissement, versez dans une terrine. Couvrez d'une feuille de papier sulfurisé et réservez au frais pendant une nuit.

Le lendemain, portez cette préparation à ébullition, maintenez la cuisson à feu doux pendant dix minutes en remuant délicatement. Écumez soigneusement, redonnez un bouillon. Vérifiez la nappe. Mettez votre confiture en pots et couvrez.

Coings aux saveurs de Noël

❖ 1,250 KG DE COINGS, SOIT 700 G NET
❖ 400 G DE JUS DE COING (40 CL)
❖ 900 G DE SUCRE CRISTALLISÉ
❖ 1 JUS D'ORANGE
❖ 1 POINTE DE COUTEAU DE ZESTE FINEMENT RÂPÉ D'UNE ORANGE NON TRAITÉE
❖ 1 JUS DE CITRON
❖ 1 POINTE DE COUTEAU DE ZESTE FINEMENT RÂPÉ D'UN CITRON NON TRAITÉ
❖ DEUX POINTES DE COUTEAU D'ÉPICES À PAIN D'ÉPICES MOULUES

Essuyez les coings avec un torchon pour retirer le fin duvet qui les recouvre. Lavez-les à l'eau fraîche. Épluchez-les. Enlevez la queue, ce qui reste de la fleur, les parties dures. Coupez-les en quatre, enlevez le cœur et les pépins. Coupez ces quartiers en petits dés. Dans une bassine à confiture, mélangez les coings en cubes, le jus de coing, les jus et les zestes d'orange et de citron, les épices et le sucre. Portez au frémissement. Versez dans une terrine. Couvrez d'une feuille de papier sulfurisé et réservez au frais pendant une nuit. Le lendemain, portez à ébullition, maintenez la cuisson à feu doux pendant dix minutes en remuant délicatement. Écumez soigneusement. Redonnez un bouillon. Vérifiez la nappe. Mettez votre confiture en pots et couvrez.

Coings au miel de fleur d'oranger

- ❖ 1,500 KG DE COINGS, SOIT 850 G NET
- ❖ 150 G DE JUS DE COING (15 CL)
- ❖ 500 G DE SUCRE CRISTALLISÉ
- ❖ 300 G DE MIEL DE FLEUR D'ORANGER
- ❖ 1 POINTE DE COUTEAU DE ZESTE FINEMENT RÂPÉ D'UNE ORANGE NON TRAITÉE
- ❖ 1 JUS DE CITRON

Essuyez les coings avec un torchon pour retirer le fin duvet qui les recouvre. Lavez-les à l'eau fraîche, épluchez-les, enlevez la queue, ce qui reste de la fleur, les parties dures. Coupez-les en quatre, enlevez le cœur et les pépins et coupez ces quartiers en julienne. Dans une bassine à confiture, mélangez cette julienne avec le sucre, le miel de fleur d'oranger, le zeste d'orange, le jus de citron et le jus de coing. Portez au frémissement, versez dans une terrine. Couvrez d'une feuille de papier sulfurisé et réservez au frais pendant une nuit.

Le lendemain, portez cette préparation à ébullition, maintenez la cuisson à feu doux pendant dix minutes en remuant délicatement. Écumez soigneusement, redonnez un bouillon. Vérifiez la nappe. Mettez votre confiture en pots et couvrez.

Coings aux épices de Nostradamus

- ❖ 1,500 KG DE COINGS, SOIT 850 G NET
- ❖ 150 G DE JUS DE COING (15 CL)
- ❖ 600 G DE SUCRE CRISTALLISÉ
- ❖ 1 JUS DE CITRON
- ❖ 2 CLOUS DE GIROFLE
- ❖ DEUX POINTES DE COUTEAU DE CANNELLE MOULUE
- ❖ UNE POINTE DE COUTEAU DE CARDAMOME MOULUE

Essuyez les coings avec un torchon pour retirer le duvet. Lavez-les à l'eau fraîche. Épluchez-les, enlevez la queue, ce qui reste de la fleur, les parties dures. Coupez-les en quatre, enlevez le cœur et les pépins. Coupez chaque quartier en deux dans le sens de la longueur (ou en trois suivant la grosseur du fruit). Dans une bassine à confiture mélangez les morceaux de coing avec le sucre, le jus de citron, le jus de coing, les épices, et portez au frémissement. Donnez deux minutes de bouillon, écumez et versez dans une terrine. Couvrez les fruits d'une feuille de papier sulfurisé. Réservez au frais pendant une nuit.

Renouvelez cette cuisson quatre jours de suite. Le cinquième jour, portez la préparation à ébullition, écumez soigneusement, maintenez la cuisson pendant dix minutes en remuant délicatement. Retirez les quartiers de coing à l'écumoire et disposez-les dans vos pots. Redonnez un dernier bouillon au sirop épicé. Vérifiez la nappe. Terminez de remplir les pots de cette gelée. Couvrez.

Le coing est le dernier fruit de l'automne et mon préféré ! Son apparence n'est pas séduisante, mais dès qu'on le prépare, il prend une couleur d'or et exhale un parfum magique qui me rappelle les senteurs de Noël.

Veillez toutefois à le cueillir à maturité et avant qu'il ne se tache. Pour vos gelées, préférez les coings-pommes, qui contiennent plus de pectine. Les coings-poires, à la chair quelquefois moins ferme, sont plus adaptés aux fabrications de compotes ou de gelées agrémentées de morceaux.

Autrefois, les confitures étaient considérées aussi comme des remèdes. Nostradamus, astrologue et médecin, nous a laissé un traité des confitures dont une merveilleuse recette aux coings.

Confiture de coings du verger d'Andrée

- 1,100 kg de coings, soit 600 g net
- 500 g de jus de coing (50 cl)
- 800 g de sucre cristallisé
- 1 jus de citron

Essuyez les coings avec un torchon pour retirer le fin duvet qui les recouvre. Lavez-les à l'eau fraîche. Épluchez-les, enlevez la queue, ce qui reste de la fleur, les parties dures. Coupez-les en quatre, enlevez le cœur et les pépins (cœur, peau et pépins peuvent servir à confectionner du jus de coing).

Dans une bassine à confiture, mélangez les quartiers de coing, le sucre, le jus de citron et le jus de coing. Portez à ébullition, maintenez la cuisson à feu doux pendant quinze minutes. Écumez soigneusement. Assurez-vous que les quartiers sont bien tendres en pressant un doigt sur le plus gros des morceaux. Puis mixez la confiture. Redonnez un bouillon en remuant délicatement. Écumez soigneusement. Vérifiez la nappe. Mettez votre confiture en pots aussitôt et couvrez.

Confiture de mon père

- 1,100 KG DE COINGS, SOIT 600 G NET
- 200 G DE JUS DE COING (20 CL)
- 300 G DE FRAMBOISES, SOIT 250 G DE PULPE
- 800 G DE SUCRE CRISTALLISÉ
- 1 JUS DE CITRON
- 20 G DE KIRSCH (2 CL)

Essuyez les coings avec un torchon pour retirer le fin duvet qui les recouvre. Lavez-les à l'eau fraîche.

Épluchez-les, enlevez la queue, ce qui reste de la fleur, les parties dures. Coupez-les en quatre, enlevez le cœur et les pépins. Coupez-les en très fines lamelles. Triez les framboises et passez-les au moulin à légumes (grille fine).

Dans une bassine à confiture, mélangez les coings, le sucre, le jus de citron, le jus de coing, la pulpe de framboise. Portez à ébullition, maintenez la cuisson à feu doux pendant quinze minutes en remuant délicatement. Écumez soigneusement.

Redonnez un bouillon. Vérifiez la nappe. Hors du feu, ajoutez le kirsch. Mélangez. Mettez votre confiture en pots aussitôt et couvrez.

Églantine

Il existe deux manières de préparer la purée d'églantine.

PREMIÈRE MÉTHODE
Il faudra cueillir vos baies d'églantier à l'automne. Les baies seront alors d'une couleur rouge foncé.
Rincez-les rapidement à l'eau fraîche et enlevez tiges et chapeaux. Coupez-les en deux dans le sens de la longueur et retirez les graines et les poils. Rincez les baies ainsi vidées. Puis mettez-les dans une casserole avec suffisamment d'eau pour les couvrir.
Portez à ébullition et laissez mijoter environ une demi-heure en remuant de temps en temps. Après refroidissement, passez les fruits et le restant d'eau de cuisson au moulin à légumes (grille fine) pour retenir les peaux.

DEUXIÈME MÉTHODE
Cueillez les baies d'églantier. Rincez-les rapidement à l'eau fraîche et enlevez tiges et chapeaux.
Mettez-les dans une casserole avec suffisamment d'eau pour les couvrir. Portez à ébullition et laissez mijoter pendant une demi-heure en remuant de temps en temps. Après refroidissement, passez les fruits plusieurs fois au moulin à légumes, en utilisant à chaque passage une grille plus fine. Ainsi les graines et les poils seront retenus.
Pour terminer, travaillez la pulpe sur un tamis de soie pour retenir les derniers poils.

Églantine à la vanille

- ❖ 1 KG DE PULPE D'ÉGLANTINE
- ❖ 800 G DE SUCRE CRISTALLISÉ
- ❖ 1 JUS DE CITRON
- ❖ 1 GOUSSE DE VANILLE

Dans une bassine à confiture, mélangez la pulpe d'églantine, le jus de citron, la gousse de vanille fendue sur sa longueur et le sucre.

Portez à ébullition en remuant continuellement. Maintenez l'ébullition pendant cinq minutes sans cesser de remuer. Écumez s'il y a lieu. Retirez la gousse de vanille, qui décorera les facettes de vos pots. Vérifiez la nappe. Mettez votre confiture en pots aussitôt et couvrez.

Cette confiture est d'une onctuosité incomparable. Je me souviens d'un dessert que j'ai beaucoup aimé : c'était un petit beignet fourré à la confiture d'églantine. Essayez-le et accompagnez-le d'un muscat d'Alsace sélection de grains nobles.

Églantine et oranges

- ❖ 1 KG DE PULPE D'ÉGLANTINE
- ❖ 800 G DE SUCRE CRISTALLISÉ + 200 G
- ❖ 2 ORANGES NON TRAITÉES
- ❖ 200 G DE JUS D'ORANGE (20 CL)
- ❖ 1 JUS DE CITRON

Passez les oranges sous l'eau fraîche et coupez-les en très fines rondelles.

Dans une bassine à confiture, pochez les rondelles d'orange avec 200 g de sucre et 200 g de jus d'orange. Maintenez la cuisson jusqu'à ce que les rondelles soient translucides. Ajoutez la pulpe d'églantine, le jus de citron et le sucre.

Portez à ébullition en remuant continuellement. Maintenez l'ébullition pendant cinq minutes sans cesser de remuer. Écumez s'il y a lieu. Vérifiez la nappe. Mettez votre confiture en pots aussitôt et couvrez.

Figues à la vanille

- ❖ 1 KG DE FIGUES FRAÎCHES
- ❖ 800 G DE SUCRE CRISTALLISÉ
- ❖ 1 JUS DE CITRON
- ❖ 2 GOUSSES DE VANILLE

Choisissez des petites figues noires. Passez-les
sous l'eau fraîche et séchez-les dans un torchon.
Enlevez les queues. Coupez les fruits en quatre.
Dans une terrine, mélangez les fruits, le sucre,
les gousses de vanille fendues sur leur longueur
et le jus de citron.

Après une demi-heure de macération, versez cette
préparation dans une bassine à confiture et portez au
frémissement. Versez cette cuisson dans une terrine.
Couvrez d'une feuille de papier sulfurisé et réservez au
frais pendant une nuit.

Le lendemain, portez cette préparation
à ébullition. Maintenez la cuisson à feu doux
pendant dix minutes en mélangeant délicatement.
Écumez soigneusement. Retirez les gousses de vanille,
que vous partagerez entre les pots. Redonnez un
bouillon. Vérifiez la nappe. Mettez votre confiture en
pots et couvrez.

Dans mon enfance, je ne connaissais pas les figues
fraîches : on les utilisait très peu dans la pâtisserie
alsacienne, car c'est un fruit que l'on trouve rarement

dans nos vergers. Alain Ducasse m'a fait découvrir un jour son dessert favori : les merveilleuses figues de Bellone à demi confites à la vanille, servies avec une crème fraîche épaisse… Je fus conquise !

Figues, oranges et noix

- ❖ 1 KG DE FIGUES FRAÎCHES
- ❖ 800 G DE SUCRE CRISTALLISÉ + 100 G
- ❖ 200 G DE JUS D'ORANGE (20 CL)
- ❖ 2 ORANGES NON TRAITÉES
- ❖ 150 G DE NOIX
- ❖ 1 JUS DE CITRON

Rincez les oranges sous l'eau fraîche et coupez-les en très fines rondelles. Choisissez des petites figues noires. Passez-les aussi sous l'eau fraîche. Séchez-les dans un torchon. Enlevez les queues. Coupez les fruits en deux. Dans une terrine, mélangez les figues, 800 g de sucre et le jus de citron. Laissez macérer pendant une demi-heure.

Dans une bassine à confiture, pochez les rondelles d'orange avec 200 g de jus d'orange et 100 g de sucre. Maintenez l'ébullition jusqu'à ce que les rondelles soient translucides. Ajoutez la macération de figues. Portez cette préparation au frémissement. Versez à nouveau dans une terrine. Couvrez d'une feuille de papier sulfurisé et réservez au frais pendant une nuit. Le lendemain, portez cette préparation à ébullition, maintenez la cuisson pendant cinq minutes en remuant délicatement. Écumez soigneusement, ajoutez les noix brisées. Redonnez un bouillon. Vérifiez la nappe. Mettez votre confiture en pots et couvrez.

Figues et poires

- ❖ 800 G DE FIGUES FRAÎCHES
- ❖ 400 G DE POIRES WILLIAMS, SOIT 300 G NET
- ❖ 1 KG DE SUCRE CRISTALLISÉ
- ❖ 1 JUS DE CITRON

Choisissez des petites figues vertes. Rincez-les à l'eau fraîche, séchez-les dans un torchon. Enlevez les queues. Coupez les fruits en quatre. Pelez les poires, videz-les, coupez-les en dés. Dans une terrine, mélangez les figues, les dés de poire, le sucre et le jus de citron. Laissez macérer pendant une demi-heure. Puis versez cette préparation dans une bassine à confiture. Portez au frémissement. Versez cette cuisson dans une terrine. Couvrez d'une feuille de papier sulfurisé et réservez au frais pendant une nuit.

Le lendemain, portez à ébullition, maintenez la cuisson à feu doux pendant dix minutes en mélangeant délicatement. Écumez soigneusement, redonnez un bouillon. Vérifiez la nappe. Mettez votre confiture en pots aussitôt et couvrez.

Confiture de l'An neuf

- ❖ 600 G DE FIGUES FRAÎCHES
- ❖ 500 G DE FIGUES SÈCHES ET MOELLEUSES
- ❖ 500 G DE JUS D'ORANGE (50 CL)
- ❖ 600 G DE SUCRE CRISTALLISÉ
- ❖ 1 POINTE DE COUTEAU DE ZESTE FINEMENT RÂPÉ D'UN CITRON NON TRAITÉ
- ❖ 1 POINTE DE COUTEAU DE ZESTE FINEMENT RÂPÉ D'UNE ORANGE NON TRAITÉE
- ❖ UNE POINTE DE COUTEAU DE CANNELLE MOULUE
- ❖ UNE POINTE DE COUTEAU DE CARDAMOME MOULUE
- ❖ UNE POINTE DE COUTEAU D'ANIS ÉTOILÉ MOULU

Choisissez des petites figues noires. Rincez-les à l'eau fraîche et séchez-les dans un torchon. Enlevez les queues. Coupez les fruits en deux. Coupez les queues des figues sèches et détaillez-les en bâtonnets.
Dans la bassine à confiture, portez les figues fraîches, le jus d'orange et le sucre à ébullition. Versez cette cuisson dans une terrine. Couvrez d'une feuille de papier sulfurisé et réservez au frais pendant une nuit. Le lendemain, portez cette préparation à ébullition en ajoutant les zestes d'orange et de citron, la cannelle, la cardamome, l'anis et les bâtonnets de figue sèche. Maintenez la cuisson pendant dix minutes à feu doux en remuant délicatement. Écumez soigneusement. Redonnez un bouillon. Vérifiez la nappe. Mettez votre confiture en pots aussitôt et couvrez.

Pêches des vignes

- ❖ 1,250 KG DE PÊCHES DES VIGNES, SOIT 1 KG NET
- ❖ 800 G DE SUCRE CRISTALLISÉ
- ❖ 1 JUS DE CITRON

Pochez les pêches une minute dans une casserole d'eau bouillante. Rafraîchissez-les dans un bain d'eau très froide. Pelez-les et coupez-les en quartiers.

Dans une bassine à confiture, mélangez les quartiers de pêche, le sucre et le jus de citron. Portez au frémissement, puis versez cette cuisson dans une terrine. Couvrez les fruits d'une feuille de papier sulfurisé et réservez au frais pendant une nuit.

Le lendemain, portez cette préparation à ébullition en remuant délicatement. Maintenez la cuisson pendant cinq minutes en remuant toujours. Écumez soigneusement. Redonnez un bouillon. Vérifiez la nappe. Mettez votre confiture en pots aussitôt et couvrez.

Pêches des vignes au pinot noir et à la cannelle

- ❖ 1,250 KG DE PÊCHES DES VIGNES, SOIT 1 KG NET
- ❖ 1 KG DE SUCRE CRISTALLISÉ
- ❖ 1 JUS DE CITRON
- ❖ 2 BÂTONS DE CANNELLE
- ❖ 350 G DE PINOT NOIR (35 CL)

Pochez les pêches une minute dans une casserole d'eau bouillante. Rafraîchissez-les dans un bain d'eau très froide. Pelez-les et coupez-les en quartiers.

Dans une bassine à confiture, mélangez les quartiers de pêche, le sucre, les bâtons de cannelle et le jus de citron. Portez au frémissement, puis versez cette cuisson dans une terrine. Couvrez les fruits d'une feuille de papier sulfurisé et réservez au frais pendant une nuit.

Le lendemain, portez cette préparation à ébullition en remuant délicatement. Maintenez la cuisson pendant cinq minutes en remuant toujours. Écumez soigneusement. Retirez les quartiers de pêche à l'écumoire et disposez-les dans les pots. Ajoutez le pinot noir au sirop de cuisson. Maintenez l'ébullition à feu doux pendant cinq minutes. Écumez encore s'il y a lieu. Redonnez un bouillon. Vérifiez la nappe. Retirez les bâtons de cannelle.

Terminez en remplissant aussitôt les pots de ce sirop et couvrez.

Les vraies pêches des vignes ont une saveur incomparable. Leur petit goût d'amande persiste après la cuisson des fruits. Je vous conseille de choisir des fruits petits et à la chair ferme. L'idéal est de les cueillir lorsqu'ils sont près de tomber de l'arbre.

En diminuant le poids du sucre de cette recette à 200 g, vous obtiendrez une soupe de pêches des vignes aux épices que vous servirez très fraîche, accompagnée d'une quenelle de glace à la vanille ou à la cannelle.

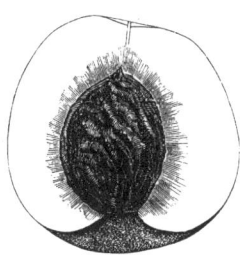

Poires en julienne à la vanille

- ❖ 1,200 KG DE POIRES WILLIAMS, SOIT 1 KG NET
- ❖ 800 G DE SUCRE CRISTALLISÉ
- ❖ 200 G DE GELÉE DE POMME VERTE
- ❖ 1 JUS DE CITRON
- ❖ 2 GOUSSES DE VANILLE

Pelez les poires, enlevez les queues, videz-les, coupez-les en fine julienne. Dans une bassine à confiture, mélangez les poires, le sucre, le jus de citron et les gousses de vanille fendues sur leur longueur. Portez cette préparation au frémissement. Versez cette cuisson dans une terrine. Couvrez les fruits d'une feuille de papier sulfurisé et réservez au frais pendant une nuit. Le lendemain, ajoutez la gelée de pomme, portez à ébullition et maintenez la cuisson pendant cinq minutes en remuant délicatement. Écumez soigneusement. Retirez les gousses de vanille, qui seront partagées entre les pots. Redonnez un bouillon. Vérifiez la nappe. Mettez votre confiture en pots aussitôt et couvrez.

Poires au miel d'acacia et au gingembre

- 1,200 KG DE POIRES WILLIAMS, SOIT 1 KG NET
- 600 G DE SUCRE CRISTALLISÉ
- 200 G DE GELÉE DE POMME VERTE
- 1 JUS DE CITRON
- QUATRE POINTES DE COUTEAU DE GINGEMBRE FRAIS RÂPÉ
- 200 G DE MIEL D'ACACIA

Pelez les poires, enlevez les queues, videz-les, coupez-les en fines lamelles. Dans une bassine à confiture, mélangez les poires, le sucre, le miel d'acacia, le jus de citron, le gingembre râpé. Portez cette préparation au frémissement. Versez cette cuisson dans une terrine. Couvrez les fruits d'une feuille de papier sulfurisé et réservez au frais pendant une nuit.
Le lendemain, ajoutez la gelée de pomme, portez à ébullition et maintenez la cuisson pendant cinq minutes en remuant délicatement. Écumez soigneusement. Redonnez un bouillon. Vérifiez la nappe. Mettez votre confiture en pots aussitôt et couvrez.

Dés de poire à la crème de cassis

- ❖ 1,200 KG DE POIRES WILLIAMS, SOIT 1 KG NET
- ❖ 650 G DE SUCRE CRISTALLISÉ
- ❖ 200 G DE GELÉE DE POMME VERTE
- ❖ 1 JUS DE CITRON
- ❖ 200 G DE CRÈME DE CASSIS

Pelez les poires, enlevez les queues, videz-les et coupez-les en dés. Dans une bassine à confiture, mélangez les poires, le sucre et le jus de citron. Portez cette préparation au frémissement, puis versez cette cuisson dans une terrine. Couvrez les fruits d'une feuille de papier sulfurisé et réservez au frais pendant une nuit. Le lendemain, ajoutez la gelée de pomme et la crème de cassis. Portez à ébullition, maintenez la cuisson pendant cinq minutes en remuant délicatement. Écumez soigneusement. Redonnez un bouillon. Vérifiez la nappe. Mettez votre confiture en pots aussitôt et couvrez.

Poires au pinot noir et à la cannelle

- ❖ 1,200 KG DE POIRES WILLIAMS, SOIT 1 KG NET
- ❖ 900 G DE SUCRE CRISTALLISÉ
- ❖ 200 G DE GELÉE DE POMME
- ❖ 1 JUS DE CITRON
- ❖ 300 G DE PINOT NOIR (30 CL)
- ❖ 1 BÂTON DE CANNELLE

Choisissez des poires de taille moyenne. Pelez-les, enlevez les queues, videz-les et coupez-les en quartiers (chaque poire en huit). Dans une bassine à confiture, mélangez les poires, le sucre, le jus de citron et la cannelle. Portez cette préparation au frémissement. Versez cette cuisson dans une terrine. Couvrez les fruits d'une feuille de papier sulfurisé et réservez au frais pendant une nuit.

Le lendemain, ajoutez la gelée de pomme et le pinot noir. Portez à ébullition, maintenez la cuisson pendant quinze minutes à feu doux. Écumez soigneusement, redonnez un bouillon. Retirez les poires et la cannelle à l'écumoire et répartissez-les dans les pots. Redonnez au sirop un bouillon de cinq minutes. Écumez encore s'il y a lieu. Vérifiez la nappe. Terminez en remplissant les pots de cette gelée et couvrez.

Belle-Hélène

- ❖ 1,200 KG DE POIRES WILLIAMS, SOIT 1 KG NET
- ❖ 750 G DE SUCRE CRISTALLISÉ
- ❖ 1 JUS D'ORANGE
- ❖ 1 POINTE DE COUTEAU DE ZESTE FINEMENT RÂPÉ D'UNE ORANGE NON TRAITÉE
- ❖ 250 G DE CHOCOLAT AMER

Pelez les poires, enlevez les queues, videz-les et coupez-les en fines lamelles. Dans une bassine à confiture, mélangez les poires, le sucre et le zeste d'orange. Portez cette préparation au frémissement, puis versez cette cuisson dans une terrine. Ajoutez le chocolat en copeaux. Mélangez jusqu'à ce qu'il soit fondu. Couvrez les fruits d'une feuille de papier sulfurisé et réservez au frais pendant une nuit.

Le lendemain, portez cette préparation à ébullition, maintenez la cuisson pendant cinq minutes à feu doux en remuant délicatement. Écumez soigneusement. Redonnez un bouillon. Vérifiez la nappe. Mettez votre confiture en pots aussitôt et couvrez.

Poires aux marrons glacés

- ❖ 1,200 KG DE POIRES WILLIAMS, SOIT 1 KG NET
- ❖ 600 G DE SUCRE CRISTALLISÉ
- ❖ 1 JUS DE CITRON
- ❖ 1 GOUSSE DE VANILLE
- ❖ 300 G DE MARRONS GLACÉS

Pelez les poires, enlevez les queues, videz-les et coupez-les en petits dés. Dans une bassine à confiture, mélangez les poires, le sucre, le jus de citron et la gousse de vanille fendue sur sa longueur. Portez au frémissement, puis versez dans une terrine. Couvrez les fruits d'une feuille de papier sulfurisé et réservez au frais pendant une nuit.

Le lendemain, portez cette préparation à ébullition. Ajoutez les marrons glacés, maintenez la cuisson pendant cinq minutes à feu doux en remuant délicatement. Écumez soigneusement. Retirez la gousse de vanille, qui sera partagée dans les pots. Redonnez un bouillon. Vérifiez la nappe. Mettez votre confiture en pots aussitôt et couvrez.

Poires au thé Mandarin Jasmin

- ❖ 1,200 KG DE POIRES, SOIT 1 KG NET
- ❖ 900 G DE SUCRE CRISTALLISÉ
- ❖ 200 G DE GELÉE DE POMME VERTE
- ❖ 1 JUS DE CITRON
- ❖ 25 G DE THÉ MANDARIN JASMIN
- ❖ 200 G D'EAU (20 CL)

Pelez les poires, enlevez les queues, videz-les et coupez-les en petits dés. Dans une bassine à confiture, mélangez les poires, le sucre et le jus de citron. Portez au frémissement, puis versez dans une terrine. Couvrez les fruits d'une feuille de papier sulfurisé et réservez au frais pendant une nuit.

Le lendemain, ajoutez la gelée de pomme, portez cette préparation à ébullition. Maintenez la cuisson pendant cinq minutes en remuant délicatement. Écumez soigneusement.

Pendant ce temps, faites une infusion : versez l'eau chaude préparée sur le thé et laissez infuser trois minutes.

Ajoutez l'infusion de thé à la confiture, redonnez un bouillon. Vérifiez la nappe. Mettez votre confiture en pots aussitôt et couvrez.

Quartiers de pomme à la vanille et aux noix

- ❖ 1,200 KG DE POMMES IDARED, SOIT 1 KG NET
- ❖ 800 G DE SUCRE CRISTALLISÉ
- ❖ 200 G DE GELÉE DE POMME VERTE
- ❖ 1 JUS DE CITRON
- ❖ 1 GOUSSE DE VANILLE
- ❖ 150 G DE NOIX BRISÉES
- ❖ 50 G D'EAU (5 CL)

Pelez les pommes, enlevez les queues, videz-les et coupez-les en quartiers (chaque pomme en huit). Dans une bassine à confiture, mélangez les pommes, le sucre, l'eau, le jus de citron et la gousse de vanille fendue sur sa longueur. Portez cette préparation au frémissement. Versez cette cuisson dans une terrine. Couvrez les fruits d'une feuille de papier sulfurisé et réservez au frais pendant une nuit.

Le lendemain, ajoutez la gelée de pomme, portez à ébullition, maintenez la cuisson pendant dix minutes à feu doux en remuant délicatement. Écumez soigneusement. Ajoutez les noix brisées. Redonnez un bouillon. Retirez la vanille et les noix, qui seront partagées entre les pots, ainsi que les quartiers de pomme. Donnez au sirop un bouillon de cinq minutes, écumez encore s'il y a lieu. Vérifiez la nappe. Terminez en remplissant les pots de cette gelée et couvrez.

Pommes et citrons à la cannelle

- ❖ 1,200 KG DE POMMES IDARED, SOIT 1 KG NET
- ❖ 850 G DE SUCRE CRISTALLISÉ
- ❖ 200 G DE GELÉE DE POMME VERTE
- ❖ LE ZESTE FINEMENT RÂPÉ D'UN CITRON NON TRAITÉ
- ❖ 6 JUS DE CITRON
- ❖ 1 BÂTON DE CANNELLE

Pelez les pommes, enlevez les queues, videz-les et coupez-les en fines lamelles. Dans une bassine à confiture, mélangez les pommes, les zestes, les jus de citron, le sucre et le bâton de cannelle. Portez cette préparation au frémissement, versez cette cuisson dans une terrine. Couvrez les fruits d'une feuille de papier sulfurisé et réservez au frais pendant une nuit.
Le lendemain, ajoutez la gelée de pomme, portez à ébullition et maintenez la cuisson pendant dix minutes à feu doux en remuant délicatement. Écumez soigneusement, retirez le bâton de cannelle, qui pourra décorer les facettes des pots. Redonnez un bouillon. Vérifiez la nappe. Mettez votre confiture en pots aussitôt et couvrez.

Pommes aux parfums d'Alsace

- 1,200 KG DE POMMES IDARED, SOIT 1 KG NET
- 800 G DE SUCRE CRISTALLISÉ
- 200 G DE GELÉE DE POMME
- 1 ZESTE D'ORANGE
- 1 JUS D'ORANGE
- LE ZESTE FINEMENT RÂPÉ D'UN DEMI-CITRON NON TRAITÉ
- 1 JUS DE CITRON
- 1 CLOU DE GIROFLE
- 5 G D'ÉPICES À PAIN D'ÉPICES MOULUES
- 2 G DE CANNELLE MOULUE

Pelez les pommes, enlevez les queues, videz-les et coupez-les en fines lamelles. Dans une bassine à confiture, mélangez les pommes, le sucre, le zeste et le jus d'orange, le zeste et le jus de citron, et les épices. Portez cette préparation au frémissement et versez cette cuisson dans une terrine. Couvrez les fruits d'une feuille de papier sulfurisé. Réservez au frais pendant une nuit.

Le lendemain, ajoutez la gelée de pomme. Portez à ébullition et maintenez la cuisson pendant cinq minutes à feu doux en remuant délicatement. Écumez soigneusement. Redonnez un bouillon. Vérifiez la nappe. Mettez votre confiture en pots aussitôt et couvrez.

Pommes au citron et au miel de châtaignier

- 1,200 KG DE POMMES IDARED, SOIT 1 KG NET
- 600 G DE SUCRE CRISTALLISÉ + 100 G
- 100 G D'EAU (10 CL)
- 200 G DE MIEL DE CHÂTAIGNIER
- 1 CITRON NON TRAITÉ
- 3 JUS DE CITRON

Rincez un citron à l'eau fraîche et coupez-le en très fines rondelles. Pelez les pommes, enlevez les queues, videz-les et coupez-les en petits dés.

Dans une bassine à confiture, pochez les rondelles de citron avec 100 g de sucre, l'eau préparée et les jus de citron. Maintenez l'ébullition jusqu'à ce que les rondelles soient translucides. Ajoutez les dés de pomme, le miel et le sucre. Portez au frémissement, versez dans une terrine. Couvrez les fruits d'une feuille de papier sulfurisé et réservez au frais pendant une nuit.

Le lendemain, portez à nouveau à ébullition, maintenez la cuisson pendant cinq minutes en remuant délicatement. Écumez soigneusement. Redonnez un bouillon. Vérifiez la nappe. Mettez votre confiture en pots aussitôt et couvrez.

Pommes au caramel

- ❖ 1,200 KG DE POMMES IDARED, SOIT 1 KG NET
- ❖ 650 G DE SUCRE CRISTALLISÉ + 300 G
- ❖ 600 G DE POMMES, SOIT 200 G DE JUS (20 CL)
- ❖ 200 G DE GELÉE DE POMME
- ❖ 1 JUS DE CITRON

Lavez environ 600 g de pommes. Enlevez les queues. Coupez-les en quatre et passez-les à la centrifugeuse afin d'obtenir le jus, auquel on mélange aussitôt le jus de citron.

Dans une bassine à confiture, faites fondre à sec et petit à petit 300 g de sucre en remuant à l'aide d'une cuillère en bois, ceci jusqu'à coloration du sucre au caramel doré. Décuire ce caramel en versant le jus de pomme bouilli (la bassine doit être suffisamment grande pour éviter un débordement).

Pelez le reste des pommes, enlevez les queues, videz-les et coupez-les en julienne. Ajoutez au caramel les pommes et le restant du sucre, portez au frémissement. Versez cette cuisson dans une terrine. Couvrez les fruits d'une feuille de papier sulfurisé et réservez au frais pendant une nuit.

Le lendemain, ajoutez la gelée de pomme. Portez à ébullition et maintenez la cuisson à feu doux pendant cinq minutes en remuant délicatement. Écumez soigneusement, redonnez un bouillon. Vérifiez la nappe. Mettez votre confiture en pots aussitôt et couvrez.

Pommes aux quatre juliennes d'agrumes

- ❖ 1,200 KG DE POMMES IDARED, SOIT 1 KG NET
- ❖ 800 G DE SUCRE CRISTALLISÉ
- ❖ 200 G DE GELÉE DE POMME
- ❖ 1 PAMPLEMOUSSE NON TRAITÉ
- ❖ 1 ORANGE NON TRAITÉE
- ❖ 1 CITRON JAUNE NON TRAITÉ
- ❖ 1 CITRON VERT NON TRAITÉ
- ❖ 2 JUS DE CITRON

Rincez les agrumes sous l'eau fraîche. À l'aide d'un économe, coupez de longs zestes qui seront blanchis quelques minutes dans l'eau bouillante légèrement salée. Après refroidissement, coupez ces zestes en très fines lamelles. Pelez les pommes, enlevez les queues, videz-les et coupez-les en petits dés.

Dans une bassine à confiture, mélangez les pommes, les zestes, le sucre et les jus de citron. Portez cette préparation au frémissement. Versez cette cuisson dans une terrine. Couvrez les fruits d'une feuille de papier sulfurisé et réservez au frais pendant une nuit.

Le lendemain, ajoutez la gelée de pomme. Portez à ébullition et maintenez la cuisson pendant cinq minutes en remuant délicatement. Écumez soigneusement. Redonnez un bouillon. Vérifiez la nappe. Mettez votre confiture en pots aussitôt et couvrez.

Pommes d'Alsace au thé de Chine

- ❖ 1,200 KG DE POMMES IDARED, SOIT 1 KG NET
- ❖ 900 G DE SUCRE CRISTALLISÉ
- ❖ 200 G DE GELÉE DE POMME VERTE
- ❖ 1 JUS DE CITRON
- ❖ 30 G DE THÉ DE CHINE
- ❖ 200 G D'EAU (20 CL)

Pelez les pommes, enlevez les queues, videz-les, coupez-les en très fines lamelles. Dans une bassine à confiture, mélangez les pommes, le sucre et le jus de citron. Portez au frémissement, puis versez dans une terrine. Couvrez les fruits d'une feuille de papier sulfurisé et réservez au frais pendant une nuit.
Le lendemain, ajoutez la gelée de pomme et portez cette préparation à ébullition. Maintenez la cuisson pendant cinq minutes en remuant délicatement. Écumez soigneusement. Pendant ce temps, faites une infusion de thé : versez l'eau chaude préparée sur le thé et laissez infuser trois minutes. Ajoutez l'infusion de thé à la confiture et redonnez un bouillon. Vérifiez la nappe.
Mettez votre confiture en pots aussitôt et couvrez.

L'autrichienne

- ❖ 1,200 KG DE POMMES IDARED, SOIT 1 KG NET
- ❖ 800 G DE SUCRE CRISTALLISÉ
- ❖ 1 JUS DE CITRON
- ❖ 1 GOUSSE DE VANILLE
- ❖ 100 G DE RAISINS SECS
- ❖ 150 G DE NOIX BRISÉES
- ❖ 2 G DE CANNELLE MOULUE
- ❖ 50 G DE RHUM (5 CL)

Pelez les pommes, enlevez les queues, videz-les et coupez-les en lamelles épaisses. Dans une bassine à confiture, mélangez les pommes, le sucre, le jus de citron et la gousse de vanille fendue sur sa longueur. Portez au frémissement, puis versez dans une terrine. Couvrez les fruits d'une feuille de papier sulfurisé et réservez au frais pendant une nuit.

Le lendemain, portez cette préparation à ébullition en remuant délicatement. Ajoutez les raisins secs préalablement macérés dans le rhum, puis la cannelle et les noix.

Redonnez un bouillon, maintenez la cuisson à feu doux pendant cinq minutes en remuant toujours. Écumez soigneusement. Retirez la gousse de vanille, qui pourra décorer les facettes des pots. Redonnez un bouillon. Vérifiez la nappe.

Mettez votre confiture en pots aussitôt et couvrez.

Gelée de baie de sorbier

- ❖ 1 KG DE POMMES VERTES DU JARDIN
- ❖ 800 G DE BAIES DE SORBIER
- ❖ 1 KG DE SUCRE CRISTALLISÉ
- ❖ 1 JUS DE CITRON
- ❖ 1,700 KG D'EAU (1,7 L)

Rincez les pommes à l'eau fraîche, enlevez les queues et coupez-les en quartiers. Égrappez et rincez les baies de sorbier.

Posez ces fruits dans la bassine à confiture et couvrez-les de l'eau préparée. Portez à ébullition et laissez mijoter à feu doux pendant une heure.

Recueillez le jus en versant cette préparation dans un chinois fin et en pressant les fruits avec le dos d'une écumoire. Puis filtrez de nouveau en passant ce jus dans l'étamine préalablement mouillée et essorée. Laissez reposer le jus pendant une nuit au frais dans une terrine.

Le lendemain, versez le jus obtenu (1,100 kg) dans une bassine à confiture en ayant soin de laisser le dépôt au fond de la terrine afin d'obtenir une gelée plus claire. Ajoutez le jus de citron et le sucre. Portez à ébullition pendant dix minutes. Écumez soigneusement.

Redonnez un bouillon. Vérifiez la nappe. Mettez votre gelée en pots aussitôt et couvrez.

Tomates vertes et cannelle

- ❖ 1,800 KG DE TOMATES VERTES, SOIT 1,100 KG NET
- ❖ 950 G DE SUCRE CRISTALLISÉ
- ❖ 1 JUS DE CITRON
- ❖ 1 BÂTON DE CANNELLE

Cueillez à l'automne les dernières tomates de votre jardin. Choisissez les plus belles et les plus vertes.
Rincez-les à l'eau fraîche. Essuyez-les dans un torchon.
Coupez-les en quartiers et videz-les de leur jus, de leurs pépins, ainsi que de la partie blanche du cœur.
Dans une terrine, mélangez les quartiers de tomate, le sucre et le jus de citron. Couvrez d'une feuille de papier sulfurisé et laissez macérer durant une nuit.
Le lendemain, versez cette préparation dans une bassine à confiture. Ajoutez le bâton de cannelle.
Portez à ébullition pendant dix minutes en remuant de temps en temps.
Versez à nouveau dans une terrine. Couvrez d'une feuille de papier sulfurisé et réservez au frais encore une nuit.
Le troisième jour, portez cette cuisson à ébullition.
Laissez mijoter à feu doux en remuant de temps en temps. Lorsque ces quartiers sont tendres, passez votre confiture au moulin à légumes (grille fine) en ayant soin de retirer le bâton de cannelle, qui servira à décorer les facettes de vos pots.
Versez à nouveau la confiture dans la bassine. Maintenez la cuisson à feu doux en remuant continuellement pendant dix minutes. Écumez soigneusement. Vérifiez la nappe. Mettez votre confiture en pots aussitôt et couvrez.

Tomates vertes, pommes et orange

❖ 900 G DE TOMATES VERTES, SOIT 550 G NET
❖ 450 G DE SUCRE CRISTALLISÉ + 450 G + 100 G
❖ 800 G DE POMMES IDARED, SOIT 550 G NET
❖ 1 JUS DE CITRON
❖ 1 ORANGE NON TRAITÉE
❖ 100 G D'EAU (10 CL)

Cueillez à l'automne les dernières tomates de votre jardin. Choisissez les plus belles et les plus vertes. Rincez-les à l'eau fraîche. Essuyez-les dans un torchon. Coupez-les en quartiers et videz-les de leur jus, de leurs pépins, ainsi que de la partie blanche du cœur.
Dans une terrine, mélangez les quartiers de tomate, 450 g de sucre et le jus de citron. Couvrez d'une feuille de papier sulfurisé et laissez macérer durant une nuit.
Le lendemain, versez cette préparation dans une bassine à confiture, et portez à ébullition pendant dix minutes en remuant de temps en temps.
Versez à nouveau dans une terrine. Couvrez d'une feuille de papier sulfurisé et réservez au frais encore une nuit.
Le troisième jour, rincez l'orange à l'eau fraîche et coupez-la en très fines rondelles. Dans la bassine à confiture, pochez ces rondelles avec 100 g de sucre et l'eau préparée. Maintenez l'ébullition jusqu'à ce que les rondelles soient translucides. Ajoutez alors la cuisson

de tomates vertes. Portez à ébullition. Puis laissez mijoter à feu doux en remuant de temps en temps. Pendant ce temps, pelez les pommes, enlevez les queues, videz-les et coupez-les en fines lamelles. Lorsque les quartiers de tomate sont tendres, ajoutez les pommes émincées et 450 g de sucre. Maintenez la cuisson à feu doux en remuant continuellement pendant cinq minutes. Écumez soigneusement. Vérifiez la nappe. Mettez votre confiture en pots aussitôt et couvrez.

Tomates vertes et potimarron

- ❖ 900 G DE TOMATES VERTES, SOIT 550 G NET
- ❖ 600 G DE POTIMARRON, SOIT 500 G NET
- ❖ 900 G DE SUCRE CRISTALLISÉ
- ❖ 2 JUS DE CITRON

Cueillez à l'automne les dernières tomates de votre
jardin. Choisissez les plus belles et les plus vertes.
Rincez-les à l'eau fraîche. Essuyez-les dans un torchon.
Coupez-les en quartiers et videz-les de leur jus, de leurs
pépins, ainsi que de la partie blanche du cœur. De
même, épluchez le potimarron. Fendez-le en deux,
retirez-en les graines et coupez-le en petits dés.
Dans une terrine, mélangez les quartiers de tomate, les
dés de potimarron, le sucre, les jus de citron. Couvrez
d'une feuille de papier sulfurisé et laissez macérer
durant une nuit.
Le lendemain, versez cette préparation dans une
bassine à confiture et portez à ébullition pendant dix
minutes en remuant de temps en temps.
Versez à nouveau dans une terrine. Couvrez d'une feuille
de papier sulfurisé et réservez au frais encore une nuit.
Le troisième jour, portez cette cuisson à ébullition. Laissez
mijoter à feu doux pendant dix minutes en remuant de
temps en temps jusqu'à ce que les quartiers de tomate et
les dés de potimarron deviennent translucides.
Écumez soigneusement. Redonnez un bouillon.
Vérifiez la nappe. Mettez votre confiture en pots
aussitôt et couvrez.

Tomates rouges à la vanille

- ❖ 1,800 KG DE TOMATES, SOIT 1,100 KG NET
- ❖ 900 G DE SUCRE CRISTALLISÉ
- ❖ 2 JUS DE CITRON
- ❖ 2 GOUSSES DE VANILLE

Choisissez de préférence les tomates en grappes que l'on trouve sur nos marchés jusqu'à l'automne. Plongez-les une minute dans l'eau bouillante. Rafraîchissez-les dans un bain d'eau très froide. Pelez-les, coupez-les en quatre et videz-les de leur cœur, de leurs pépins et de l'excès de jus. Laissez égoutter la chair dans une passoire.

Dans une bassine à confiture, mélangez les tomates, le sucre, les jus de citron et les gousses de vanille fendues sur leur longueur. Portez au frémissement. Versez cette préparation dans une terrine. Couvrez d'une feuille de papier sulfurisé et réservez au frais pendant une nuit.

Le lendemain, versez la cuisson dans un tamis de soie. Portez le sirop recueilli à ébullition pendant dix minutes environ avec les gousses de vanille. Le sirop doit se concentrer à une température de 115 °C au thermomètre, c'est-à-dire au petit boulé. Ajoutez les quartiers de tomate. Donnez un bouillon, écumez soigneusement, redonnez un bouillon. Vérifiez la nappe. Mettez votre confiture en pots aussitôt et couvrez.

En diminuant le poids du sucre de cette recette à 200 g, vous obtiendrez une soupe de tomate à la vanille que vous servirez très fraîche. Vous l'accompagnerez d'une quenelle de glace à la vanille et de quelques gouttes d'huile d'olive au citron.

Hiver

Ananas et dattes

- ❖ 2 KG D'ANANAS, SOIT 1 KG NET
- ❖ 650 G DE SUCRE CRISTALLISÉ
- ❖ 200 G DE DATTES
- ❖ 1 JUS DE CITRON
- ❖ 50 G DE RHUM (5 CL)
- ❖ 2 GOUSSES DE VANILLE

Incisez les dattes sur leur longueur et videz-les de leurs noyaux. Épluchez les ananas. Retirez les yeux. Coupez les ananas en quatre sur leur longueur. Enlevez les cœurs. Puis coupez-les en fines lamelles.

Dans une bassine à confiture, mélangez les lamelles d'ananas, le sucre, les dattes, le jus de citron et les deux gousses de vanille fendues sur leur longueur. Portez au frémissement et versez la cuisson dans une terrine. Couvrez les fruits d'une feuille de papier sulfurisé et réservez au frais pendant une nuit.

Le lendemain, versez cette préparation dans la bassine à confiture et maintenez la cuisson à feu doux pendant dix minutes en remuant délicatement. Écumez soigneusement. Retirez les gousses de vanille, qui décoreront les facettes de vos pots. Redonnez un bouillon. Ajoutez le rhum. Vérifiez la nappe. Mettez votre confiture en pots aussitôt et couvrez.

Bananes au jus d'orange et à la vanille

- ❖ 1 KG DE BANANES, SOIT 700 G NET
- ❖ 500 G D'ORANGES, SOIT 300 G DE JUS (30 CL)
- ❖ 800 G DE SUCRE CRISTALLISÉ
- ❖ 1 JUS DE CITRON
- ❖ LE ZESTE FINEMENT RÂPÉ D'UNE DEMI-ORANGE NON TRAITÉE
- ❖ 2 GOUSSES DE VANILLE

Pressez les oranges. Pelez les bananes et coupez-les en rondelles de 1 cm d'épaisseur.

Dans une bassine à confiture, mélangez aussitôt le jus d'orange, les rondelles de banane, le jus de citron, le zeste d'orange, le sucre et les deux gousses de vanille fendues sur leur longueur.

Portez au frémissement. Versez dans une terrine.

Couvrez les fruits d'une feuille de papier sulfurisé et réservez au frais pendant une nuit.

Le lendemain, portez cette préparation à ébullition en remuant continuellement. Maintenez la cuisson à feu doux pendant dix minutes en remuant toujours.

Écumez soigneusement. Retirez les gousses de vanille, qui décoreront les facettes de vos pots.

Mixez très finement la confiture. Redonnez un bouillon. Vérifiez la nappe. Mettez votre confiture en pots aussitôt et couvrez.

Bananes au jus de citron

- ❖ 1 KG DE BANANES, SOIT 700 G NET
- ❖ 700 G ENVIRON DE CITRONS, SOIT 300 G DE JUS (30 CL)
- ❖ 800 G DE SUCRE CRISTALLISÉ
- ❖ LE ZESTE FINEMENT RÂPÉ D'UN DEMI-CITRON NON TRAITÉ

Pressez les citrons. Pelez les bananes et coupez-les en rondelles de 1 cm d'épaisseur.

Dans une bassine à confiture, mélangez aussitôt le jus de citron, les rondelles de banane, le sucre et le zeste de citron.

Portez au frémissement. Versez dans une terrine.

Couvrez les fruits d'une feuille de papier sulfurisé et réservez au frais pendant une nuit.

Le lendemain, portez cette préparation à ébullition en remuant continuellement. Maintenez la cuisson à feu doux pendant dix minutes en remuant toujours.

Écumez soigneusement.

Mixez très finement la confiture. Redonnez un bouillon. Vérifiez la nappe. Mettez votre confiture en pots aussitôt et couvrez.

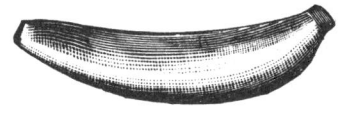

Bananes au chocolat amer

- ❖ 1 KG DE BANANES, SOIT 700 G NET
- ❖ 750 G DE SUCRE CRISTALLISÉ
- ❖ 250 G DE CHOCOLAT NOIR AMER
- ❖ 300 G D'EAU (30 CL)
- ❖ 1 JUS DE CITRON

Pelez les bananes et coupez-les en rondelles de 1 cm d'épaisseur.

Dans une bassine à confiture, mélangez les rondelles de banane, l'eau, le sucre et le jus de citron. Portez au frémissement. Versez dans une terrine. Ajoutez le chocolat en copeaux et mélangez jusqu'à ce qu'il soit fondu. Couvrez les fruits d'une feuille de papier sulfurisé et réservez au frais pendant une nuit.

Le lendemain, portez cette préparation à ébullition en remuant continuellement. Mixez très finement la confiture. Maintenez la cuisson à feu doux pendant cinq minutes en remuant toujours. Écumez soigneusement.

Redonnez un bouillon. Vérifiez la nappe. Mettez votre confiture en pots aussitôt et couvrez.

Bananes, oranges et chocolat

- ❖ 1 KG DE BANANES, SOIT 700 G NET
- ❖ 600 G D'ORANGES, SOIT 300 G DE JUS (30 CL)
- ❖ 750 G DE SUCRE CRISTALLISÉ + 200 G
- ❖ 1 JUS DE CITRON
- ❖ 250 G DE CHOCOLAT AMER
- ❖ 2 ORANGES NON TRAITÉES
- ❖ 100 G D'EAU (10 CL)

Passez les oranges non traitées sous l'eau fraîche et coupez-les en très fines rondelles. Pressez les oranges à jus.
Pelez les bananes, coupez-les en rondelles de 1 cm d'épaisseur et mélangez-les au jus d'orange. Mixez très finement le mélange.
Dans une bassine à confiture, pochez les rondelles d'orange avec 200 g de sucre et l'eau préparée. Maintenez l'ébullition jusqu'à ce que les rondelles soient translucides.
Ajoutez les bananes mixées, 750 g de sucre et le jus de citron. Portez au frémissement en mélangeant continuellement. Versez dans une terrine. Ajoutez le chocolat en copeaux et mélangez jusqu'à ce qu'il soit fondu. Couvrez les fruits d'une feuille de papier sulfurisé et réservez au frais pendant une nuit.
Le lendemain, portez cette préparation à ébullition en remuant continuellement. Maintenez la cuisson à feu doux pendant cinq minutes en remuant toujours. Écumez soigneusement.
Redonnez un bouillon. Vérifiez la nappe. Mettez votre confiture en pots aussitôt et couvrez.

Citrons

- ❖ 1,300 KG ENVIRON DE BEAUX CITRONS, SOIT 500 G DE JUS (50 CL)
- ❖ 900 G DE POMMES GRANNY-SMITH, SOIT 500 G DE JUS (50 CL)
- ❖ 900 G DE SUCRE CRISTALLISÉ + 200 G
- ❖ 900 G D'EAU (90 CL) + 200 G (20 CL)
- ❖ 3 CITRONS NON TRAITÉS

Rincez les pommes à l'eau fraîche. Retirez-en les queues et coupez-les en quatre sans les peler. Posez-les dans une bassine à confiture et couvrez-les de 900 g d'eau.

Après ébullition, laissez mijoter pendant une demi-heure à feu doux. Les pommes seront tendres au toucher. Recueillez le jus en versant cette préparation dans un chinois fin et en pressant légèrement les fruits avec le dos de l'écumoire. Puis filtrez une seconde fois ce jus à l'étamine préalablement mouillée et essorée, en laissant le jus s'écouler librement. Il est préférable de laisser reposer ce jus pendant une nuit au frais.

Le lendemain, pesez 500 g du jus obtenu en laissant dans la terrine le dépôt qui s'y est formé durant la nuit, afin d'obtenir une confiture plus claire.

Pressez les citrons. Réservez 500 g de jus. Les pépins seront gardés dans une mousseline.

Lavez les trois citrons non traités à l'eau fraîche et coupez-les en très fines rondelles. Dans une bassine à confiture, pochez les rondelles de citron avec 200 g de sucre et 200 g d'eau. Maintenez l'ébullition jusqu'à ce que les rondelles soient translucides. Ajoutez le jus de pomme, le jus des citrons, 900 g de sucre et les pépins dans la mousseline. Portez à ébullition. Maintenez la cuisson à feu doux pendant dix minutes en remuant délicatement. Retirez la mousseline. Écumez soigneusement. Redonnez un bouillon. Vérifiez la nappe. Mettez votre confiture en pots aussitôt et couvrez.

L'idéal est de fabriquer cette confiture avec le jus des pommes du jardin, car elles contiennent davantage de pectine. Le point de nappe est plus vite atteint et votre confiture gagne en lumière et en clarté.

Vous pouvez utiliser cette confiture pour napper une tarte au citron.

Citrons au miel de montagne et à la cannelle

- ❖ 1,500 KG ENVIRON DE BEAUX CITRONS, SOIT 500 G DE JUS (50 CL)
- ❖ 900 G DE POMMES GRANNY-SMITH, SOIT 500 G DE JUS (50 CL)
- ❖ 700 G DE SUCRE CRISTALLISÉ + 200 G
- ❖ 900 G D'EAU (90 CL) + 200 G (20 CL)
- ❖ 200 G DE MIEL DE MONTAGNE
- ❖ 3 CITRONS NON TRAITÉS
- ❖ 1 BÂTON DE CANNELLE

Rincez les pommes à l'eau fraîche. Retirez-en les queues et coupez-les en quatre sans les peler. Posez-les dans une bassine à confiture et couvrez-les de 900 g d'eau.

Après ébullition, laissez mijoter pendant une demi-heure à feu doux. Les pommes seront tendres au toucher. Recueillez le jus en versant cette préparation dans un chinois fin et en pressant légèrement les fruits avec le dos de l'écumoire. Puis filtrez une seconde fois ce jus à l'étamine préalablement mouillée et essorée en laissant le jus s'écouler librement. Il est préférable de laisser reposer ce jus pendant une nuit au frais.

Le lendemain, pesez 500 g du jus obtenu en laissant dans la terrine le dépôt qui s'y est formé durant la nuit, afin d'obtenir une confiture plus claire.

Pressez les citrons. Réservez 500 g de jus. Les pépins seront gardés dans une mousseline.

Lavez les trois citrons non traités à l'eau fraîche et coupez-les en très fines rondelles. Dans une bassine à confiture, pochez les rondelles de citron avec 200 g de sucre et 200 g d'eau. Maintenez l'ébullition jusqu'à ce que les rondelles soient translucides. Ajoutez le jus de pomme, le jus des citrons, 700 g de sucre, le miel, le bâton de cannelle et les pépins dans la mousseline. Portez à ébullition. Maintenez la cuisson à feu doux pendant dix minutes en remuant délicatement. Retirez la mousseline et le bâton de cannelle, qui décorera les facettes de vos pots. Écumez soigneusement. Redonnez un bouillon. Vérifiez la nappe. Mettez votre confiture en pots aussitôt et couvrez.

Gelée de citron vert

❖ 2 KG ENVIRON DE BEAUX CITRONS VERTS, SOIT 500 G
   DE JUS (50 CL)
❖ 900 G DE POMMES GRANNY-SMITH, SOIT 500 G
   DE JUS (50 CL)
❖ 950 G DE SUCRE CRISTALLISÉ
❖ 900 G D'EAU (90 CL) + 200 G (20 CL)
❖ 2 CITRONS VERTS NON TRAITÉS
❖ 1 PINCÉE DE SEL

Rincez les pommes à l'eau fraîche. Retirez-en les queues
et coupez-les en quatre sans les peler. Posez-les dans une
bassine à confiture et couvrez-les de 900 g d'eau.
Après ébullition, laissez mijoter pendant une demi-
heure à feu doux. Les pommes seront tendres au
toucher. Recueillez le jus en versant cette préparation
dans un chinois fin et en pressant légèrement les fruits
avec le dos de l'écumoire. Puis filtrez une seconde fois
ce jus à l'étamine préalablement mouillée et essorée,
en laissant le jus s'écouler librement. Il est préférable
de laisser reposer ce jus pendant une nuit au frais.
Le lendemain, pesez 500 g du jus obtenu en laissant
dans la terrine le dépôt qui s'y est formé durant la nuit,
afin d'obtenir une gelée plus claire.
Pressez les citrons verts. Vous ne garderez que le jus
passé au chinois fin. Les pépins seront réservés dans une
mousseline.
Lavez à l'eau fraîche et brossez les deux citrons verts
non traités et prélevez-en des rubans de zeste à l'aide
d'un économe.

Dans une casserole, pochez ces zestes avec 200 g d'eau et une pincée de sel. Rafraîchissez les zestes à l'eau froide et coupez-les en très fins bâtonnets.

Dans une bassine à confiture, versez le jus de pomme, le jus de citron, 950 g de sucre, les bâtonnets de zeste et les pépins dans la mousseline. Portez à ébullition. Maintenez la cuisson à feu doux pendant dix minutes en remuant délicatement. Retirez la mousseline. Écumez soigneusement. Redonnez un bouillon.

Vérifiez la nappe. Mettez votre gelée en pots aussitôt et couvrez.

Confiture de Noël

- 1,500 KG DE COINGS TARDIFS
- 1,500 KG D'EAU (1,5 L)
- 1 KG DE SUCRE CRISTALLISÉ
- 200 G DE POIRES SÉCHÉES, ÉMINCÉES FINEMENT
- 200 G DE FIGUES SÉCHÉES
- 100 G DE DATTES
- 100 G DE PRUNEAUX SÉCHÉS
- 200 G D'ABRICOTS SECS
- 100 G DE RAISINS SECS
- 50 G D'ÉCORCE DE CITRON CONFITE COUPÉE EN CUBES
- 50 G D'ÉCORCE D'ORANGE CONFITE COUPÉE EN CUBES
- 50 G D'ANGÉLIQUE CONFITE
- LE ZESTE FINEMENT RÂPÉ ET LE JUS D'UNE ORANGE NON TRAITÉE
- LE ZESTE FINEMENT RÂPÉ ET LE JUS D'UN CITRON NON TRAITÉ
- 150 G DE NOIX BRISÉES
- 150 G D'AMANDES ÉMONDÉES ET HACHÉES
- UNE POINTE DE COUTEAU DE CANNELLE MOULUE
- UNE POINTE DE COUTEAU DE CARDAMOME MOULUE
- UNE POINTE DE COUTEAU DE BADIANE MOULUE
- 4 G D'ANIS VERT

Essuyez les coings avec un torchon pour retirer le fin duvet qui les recouvre. Lavez-les à l'eau fraîche, enlevez la queue, ce qui reste de la fleur, et coupez-les en quatre. Mettez ces quartiers dans la bassine à confiture et couvrez-les de l'eau préparée. Portez à ébullition et laissez mijoter pendant une heure en remuant de temps en temps. Versez la cuisson dans un chinois fin pour recueillir le jus des coings (1,300 kg).

Faites tremper les poires émincées et séchées dans ce jus pendant une nuit.

Coupez les figues, les pruneaux et les abricots en bâtonnets de 1/2 cm d'épaisseur. Fendez les dattes et ôtez les noyaux. Coupez finement l'angélique.

Versez les poires trempées dans une bassine à confiture avec le sucre, les figues, les dattes, les pruneaux, les abricots, les raisins secs, les écorces de citron et d'orange, l'angélique, les zestes et les jus d'orange et de citron, ainsi que les quatre épices. Portez à ébullition en remuant continuellement. Maintenez la cuisson pendant cinq minutes en remuant toujours. Écumez soigneusement. Ajoutez les noix et les amandes. Donnez un dernier bouillon de cinq minutes. Écumez encore s'il y a lieu. Vérifiez la nappe. Mettez votre confiture en pots aussitôt et couvrez.

La tradition du pain aux poires, le *beraweka*, se retrouve dans toute l'Europe centrale. Autrefois, c'était une savoureuse façon de goûter les fruits que l'on avait séchés après la récolte en prévision de l'hiver. La poire du curé, abondante en Alsace, était utilisée pour cette recette. On y ajoutait d'autres fruits séchés, tels que les quetsches, les figues, les abricots, les pommes, les écorces d'orange et de citron confites, et des épices. On apprécie encore aujourd'hui ce pain aux fruits avec un bon verre de vin chaud parfumé à la cannelle et à la badiane. J'ai créé la confiture de Noël dans le respect de cette tradition.

Gelée de Noël

- 1,200 KG DE COINGS TARDIFS
- 1,200 KG D'EAU (1,2 L) + 200 G (20 CL)
- 900 G DE SUCRE CRISTALLISÉ
- 1 ORANGE NON TRAITÉE
- 1 JUS D'ORANGE
- 1 CITRON NON TRAITÉ
- 1 JUS DE CITRON
- UNE POINTE DE COUTEAU DE CARDAMOME MOULUE
- 1/4 DE BÂTON DE CANNELLE
- 1 PINCÉE DE SEL
- 4 CLOUS DE GIROFLE

Essuyez les coings avec un torchon pour retirer le fin duvet qui les recouvre. Lavez-les à l'eau fraîche, enlevez la queue, ce qui reste de la fleur, et coupez-les en quatre. Mettez ces quartiers dans la bassine à confiture et couvrez-les de 1,200 kg d'eau.

Portez à ébullition et laissez bouillonner pendant une heure à feu doux en remuant de temps en temps. Versez dans un chinois fin, pressez légèrement les fruits avec le dos de l'écumoire puis filtrez une seconde fois ce jus dans une étamine préalablement mouillée et essorée en laissant le jus s'écouler librement. Il est préférable de laisser reposer ce jus pendant une nuit au frais.

Le lendemain, coupez de larges rubans de zeste de citron et d'orange à l'aide d'un économe. Plongez les zestes dans 200 g d'eau bouillante additionnée d'une pincée de sel pendant trois minutes. Puis rincez-les à l'eau fraîche et coupez-les en fins bâtonnets.

Versez le jus de coing décanté (1 kg après filtrage) dans la bassine à confiture avec le sucre, les zestes en bâtonnets, le jus de citron, le jus d'orange, la cardamome, le quart de bâton de cannelle et les clous de girofle.

Portez à ébullition pendant dix minutes en écumant soigneusement. Retirez la cannelle. Redonnez un bouillon. Vérifiez la nappe. Mettez votre gelée en pots aussitôt et couvrez.

Kiwis et citrons

- ❖ 1,150 KG DE KIWIS, SOIT 1 KG NET
- ❖ 800 G DE SUCRE CRISTALLISÉ + 100 G
- ❖ 200 G DE GELÉE DE POMME VERTE
- ❖ 2 JUS DE CITRON
- ❖ 1 CITRON NON TRAITÉ
- ❖ 100 G D'EAU (10 CL)

Pelez les kiwis et coupez-les en rondelles. Rincez le citron non traité à l'eau fraîche et coupez-le en très fines rondelles.

Dans une bassine à confiture, pochez les rondelles de citron avec 100 g de sucre et l'eau préparée. Maintenez l'ébullition jusqu'à ce que les rondelles soient translucides. Ajoutez les kiwis, le jus des deux citrons et 800 g de sucre.

Portez cette préparation au frémissement, versez dans une terrine, couvrez d'une feuille de papier sulfurisé et réservez au frais pendant une nuit.

Le lendemain, portez à nouveau à ébullition, ajoutez la gelée de pomme verte, maintenez la cuisson pendant dix minutes à feu doux en remuant délicatement.

Écumez soigneusement, redonnez un bouillon. Vérifiez la nappe. Mettez votre confiture en pots aussitôt et couvrez.

Kumquats

- ❖ 1 KG DE KUMQUATS
- ❖ 800 G DE SUCRE CRISTALLISÉ
- ❖ 2 JUS DE CITRON
- ❖ 200 G DE GELÉE DE POMME VERTE

Rincez les kumquats à l'eau froide, brossez-les et coupez-les en quatre. Ôtez les pépins, que vous réserverez dans une mousseline.

Dans une bassine à confiture, mélangez les quartiers de kumquat, le sucre, les jus de citron et la mousseline renfermant les pépins. Portez au frémissement. Versez dans une terrine, couvrez d'une feuille de papier sulfurisé et réservez au frais pendant une nuit.

Le lendemain, portez cette cuisson à nouveau au frémissement. Puis versez dans une terrine, couvrez d'une feuille de papier sulfurisé et réservez au frais pendant une nuit.

Le troisième jour, portez cette préparation à ébullition. Ajoutez la gelée de pomme verte en remuant délicatement. Maintenez la cuisson pendant cinq minutes en remuant toujours, écumez soigneusement. Retirez la mousseline, redonnez un bouillon. Vérifiez la nappe. Mettez votre confiture en pots aussitôt et couvrez.

Mangues

- ❖ 1,700 KG DE MANGUES, SOIT 1 KG NET
- ❖ 800 G DE SUCRE CRISTALLISÉ
- ❖ 2 JUS DE CITRON

Pelez les mangues, ôtez le noyau et détaillez la chair en fines lamelles. Dans une bassine à confiture, mélangez les lamelles de mangue, le sucre et les jus de citron. Portez au frémissement. Versez dans une terrine, couvrez d'une feuille de papier sulfurisé et réservez au frais pendant une nuit.
Le lendemain, portez à ébullition en remuant délicatement. Maintenez la cuisson pendant dix minutes en remuant toujours. Écumez soigneusement. Vérifiez la nappe. Mettez votre confiture en pots aussitôt et couvrez.

Gelée d'orange au pinot noir et aux épices

- 1,200 KG ENVIRON DE BELLES ORANGES, SOIT 500 G DE JUS (50 CL)
- 900 G DE POMMES GRANNY-SMITH
- 1,100 KG DE SUCRE CRISTALLISÉ
- 900 G D'EAU (90 CL) + 200 G (20 CL)
- 200 G DE PINOT NOIR
- 2 ORANGES NON TRAITÉES
- 1 JUS DE CITRON
- UNE PINCÉE DE SEL
- 1 BÂTON DE CANNELLE
- UNE POINTE DE COUTEAU DE CARDAMOME MOULUE
- 1 CLOU DE GIROFLE

Rincez les pommes à l'eau fraîche. Retirez les queues et coupez-les en quatre sans les peler. Posez-les dans une bassine à confiture et couvrez-les de 900 g d'eau. Après ébullition, laissez mijoter pendant une demi-heure à feu doux. Les pommes seront tendres au toucher. Recueillez le jus en versant cette préparation dans un chinois fin et en pressant légèrement les fruits avec le dos de l'écumoire. Puis filtrez une seconde fois ce jus à l'étamine préalablement mouillée et essorée, en laissant le jus s'écouler librement. Il est préférable de laisser reposer ce jus pendant une nuit au frais. Le lendemain, pesez 500 g du jus obtenu en laissant dans la terrine le dépôt qui s'est formé durant la nuit, afin d'obtenir une gelée plus claire.

Pressez les oranges. Vous ne garderez que le jus passé
au chinois fin et vous réserverez les pépins dans une
mousseline.

Lavez les deux oranges non traitées à l'eau fraîche et
prélevez-en des rubans de zeste à l'aide d'un économe.
Dans une casserole, pochez ces zestes avec 200 g d'eau
et une pincée de sel. Rafraîchissez-les à l'eau froide
et coupez-les en très fins bâtonnets.

Dans une bassine à confiture, versez le jus de pomme,
le jus d'orange, le jus de citron, le sucre, les bâtonnets
de zeste, le bâton de cannelle, la cardamome, le clou
de girofle et les pépins dans la mousseline. Portez à
ébullition. Maintenez la cuisson à feu doux pendant
dix minutes en remuant délicatement. Écumez
soigneusement. Ajoutez le pinot noir. Donnez un
nouveau bouillon de cinq minutes. Retirez la
mousseline et le bâton de cannelle, qui décorera les
facettes de vos pots. Écumez encore. Redonnez un
bouillon. Vérifiez la nappe. Mettez votre gelée en pots
aussitôt et couvrez.

Oranges aux épices d'Alsace

- ❖ 1,100 KG ENVIRON D'ORANGES, SOIT 500 G DE JUS
  ET DE PULPE
- ❖ 900 G DE POMMES GRANNY-SMITH, SOIT 500 G
  DE JUS (50 CL)
- ❖ 900 G DE SUCRE CRISTALLISÉ + 200 G
- ❖ 900 G D'EAU (90 CL) + 200 G (20 CL)
- ❖ 2 ORANGES NON TRAITÉES
- ❖ 1 JUS DE CITRON
- ❖ 5 G D'ÉPICES À PAIN D'ÉPICES MOULUES
- ❖ 1 BÂTON DE CANNELLE
- ❖ 1 ÉTOILE D'ANIS (BADIANE)

Rincez les pommes à l'eau fraîche. Retirez les queues
et coupez-les en quatre sans les peler. Posez-les dans
une bassine à confiture et couvrez-les de 900 g d'eau.
Après ébullition, laissez mijoter pendant une demi-
heure à feu doux. Les pommes seront tendres au
toucher. Recueillez le jus en versant cette préparation
dans un chinois fin et en pressant légèrement les fruits
avec le dos de l'écumoire. Puis filtrez une seconde fois
ce jus à l'étamine préalablement mouillée et essorée,
en laissant le jus s'écouler librement. Il est préférable
de laisser reposer ce jus pendant une nuit au frais.
Le lendemain, pesez 500 g du jus obtenu en laissant
dans la terrine le dépôt qui s'est formé durant la nuit,
afin d'obtenir une confiture plus claire.
Pressez les oranges. Vous garderez la pulpe et le jus et
réserverez les pépins dans une mousseline.

Lavez les deux oranges non traitées à l'eau fraîche et coupez-les en très fines rondelles. Dans une bassine à confiture, pochez-les avec 200 g de sucre et 200 g d'eau. Maintenez l'ébullition jusqu'à ce que les rondelles soient translucides. Ajoutez le jus de pomme, le jus et la pulpe d'orange, le jus de citron, les épices, 900 g de sucre et les pépins dans la mousseline. Portez à ébullition. Maintenez la cuisson à feu doux pendant dix minutes en remuant délicatement. Écumez soigneusement. Retirez la mousseline et les épices, que vous pouvez partager entre les pots. Redonnez un bouillon. Vérifiez la nappe. Mettez votre confiture en pots aussitôt et couvrez.

L'idéal est de fabriquer cette confiture avec le jus des pommes du jardin, qui contiennent davantage de pectine. Le point de nappe est plus vite atteint et votre confiture gagne en luminosité. Si vous en avez en réserve, utilisez votre gelée de pomme des jardins en comptant, pour 500 g de jus et de pulpe d'orange, 400 g de sucre et 950 g de gelée.

Les meilleures oranges pour cette confiture sont les maltaises. On les trouve sur les marchés en début d'année.

Vous réussirez une association idéale pour fourrer vos pains d'épices en mélangeant cette confiture à une confiture aux kumquats.

Oranges sanguines

- ❖ 1,100 KG ENVIRON D'ORANGES SANGUINES, SOIT 500 G DE JUS ET DE PULPE
- ❖ 900 G DE POMMES GRANNY-SMITH, SOIT 500 G DE JUS (50 CL)
- ❖ 900 G DE SUCRE CRISTALLISÉ + 200 G
- ❖ 900 G (90 CL) D'EAU + 200 G (20 CL)
- ❖ 2 ORANGES NON TRAITÉES
- ❖ 1 JUS DE CITRON

Rincez les pommes à l'eau fraîche. Retirez les queues et coupez-les en quatre sans les peler. Posez-les dans une bassine à confiture et couvrez-les de 900 g d'eau. Après ébullition, laissez mijoter pendant une demi-heure à feu doux. Les pommes seront tendres au toucher. Recueillez le jus en versant cette préparation dans un chinois fin et en pressant légèrement les fruits avec le dos de l'écumoire. Puis filtrez une seconde fois ce jus à l'étamine préalablement mouillée et essorée, en laissant le jus s'écouler librement. Il est préférable de laisser reposer ce jus pendant une nuit au frais.

Le lendemain, pesez 500 g du jus obtenu en laissant dans la terrine le dépôt qui s'est formé durant la nuit, afin d'obtenir une confiture plus claire.

Pressez les oranges sanguines. Vous garderez la pulpe et le jus et vous réserverez les pépins dans une mousseline.

Lavez les deux oranges non traitées à l'eau fraîche et coupez-les en très fines rondelles. Dans une bassine à

confiture, pochez ces rondelles avec 200 g de sucre et 200 g d'eau. Maintenez l'ébullition jusqu'à ce que les rondelles soient translucides. Ajoutez le jus de pomme, le jus et la pulpe d'orange, le jus de citron, 900 g de sucre et les pépins dans la mousseline. Portez à ébullition. Maintenez la cuisson à feu doux pendant dix minutes en remuant délicatement. Écumez soigneusement. Retirez la mousseline. Redonnez un bouillon. Vérifiez la nappe. Mettez votre confiture en pots aussitôt et couvrez.

Oranges amères

- ❖ 2 KG ENVIRON D'ORANGES AMÈRES, SOIT 500 G DE JUS (50 CL)
- ❖ 900 G DE POMMES GRANNY-SMITH, SOIT 500 G DE JUS (50 CL)
- ❖ 900 G DE SUCRE CRISTALLISÉ + 200 G
- ❖ 900 G (90 CL) D'EAU + 200 G (20 CL)
- ❖ 2 ORANGES NON TRAITÉES
- ❖ 1 JUS DE CITRON

Rincez les pommes à l'eau fraîche. Retirez les queues et coupez-les en quatre sans les peler. Posez-les dans une bassine à confiture et couvrez-les de 900 g d'eau. Après ébullition, laissez mijoter pendant une demi-heure à feu doux. Les pommes seront tendres au toucher. Recueillez le jus en versant cette préparation dans un chinois fin et en pressant légèrement les fruits avec le dos de l'écumoire. Puis filtrez une seconde fois ce jus à l'étamine préalablement mouillée et essorée, en laissant le jus s'écouler librement. Il est préférable de laisser reposer ce jus pendant une nuit au frais.
Le lendemain, pesez 500 g du jus obtenu en laissant dans la terrine le dépôt qui s'est formé durant la nuit, afin d'obtenir une confiture plus claire.
Pressez les oranges amères. Vous garderez la pulpe et le jus et réserverez les pépins dans une mousseline.
Lavez les deux oranges non traitées à l'eau fraîche et coupez-les en très fines rondelles. Dans une bassine à confiture, pochez les rondelles d'orange avec 200 g de

sucre et 200 g d'eau. Maintenez l'ébullition jusqu'à ce que les rondelles soient translucides. Ajoutez le jus de pomme, le jus et la pulpe d'orange, le jus de citron, 900 g de sucre et les pépins dans la mousseline. Portez à ébullition. Maintenez la cuisson à feu doux pendant dix minutes en remuant délicatement. Écumez soigneusement. Retirez la mousseline. Redonnez un bouillon. Vérifiez la nappe. Mettez votre confiture en pots aussitôt et couvrez.

Oranges et passion

- ❖ 1,200 KG ENVIRON D'ORANGES, SOIT 500 G DE QUARTIERS COUPÉS À VIF ET LEUR JUS
- ❖ 900 G DE POMMES GRANNY-SMITH, SOIT 500 G DE JUS (50 CL)
- ❖ 1 KG DE SUCRE CRISTALLISÉ + 200 G
- ❖ 900 G (90 CL) D'EAU + 200 G (20 CL)
- ❖ 2 ORANGES NON TRAITÉES
- ❖ 1 JUS DE CITRON
- ❖ 15 FRUITS DE LA PASSION

Rincez les pommes à l'eau fraîche. Retirez les queues et coupez-les en quatre sans les peler. Posez-les dans une bassine à confiture et couvrez-les de 900 g d'eau. Après ébullition, laissez mijoter pendant une demi-heure à feu doux. Les pommes seront tendres au toucher. Recueillez le jus en versant cette préparation dans un chinois fin et en pressant légèrement les fruits avec le dos de l'écumoire. Puis filtrez une seconde fois ce jus à l'étamine préalablement mouillée et essorée, en laissant le jus s'écouler librement. Il est préférable de laisser reposer ce jus pendant une nuit au frais.

Le lendemain, pesez 500 g du jus obtenu en laissant dans la terrine le dépôt qui s'est formé durant la nuit, afin d'obtenir une confiture plus claire.

Coupez les oranges à vif et entaillez les cloisons internes afin d'en retirer les quartiers. Veillez à presser soigneusement les cloisons pour recueillir tout le jus. Réservez les pépins dans une mousseline.

Coupez les fruits de la passion en deux. Recueillez le jus et les pépins.

Lavez les deux oranges non traitées à l'eau fraîche et coupez-les en très fines rondelles. Dans une bassine à confiture, pochez ces rondelles avec 200 g de sucre et 200 g d'eau. Maintenez l'ébullition jusqu'à ce que les rondelles soient translucides. Ajoutez le jus de pomme, le jus et les quartiers d'orange, le jus et les pépins des fruits de la passion, le jus de citron, le sucre et les pépins dans la mousseline. Portez à ébullition.

Maintenez la cuisson à feu doux pendant dix minutes en remuant délicatement. Écumez soigneusement.

Retirez la mousseline. Redonnez un bouillon. Vérifiez la nappe. Mettez votre confiture en pots aussitôt et couvrez.

Oranges, fruits de la passion et mangues

❖ 1,200 KG ENVIRON D'ORANGES, SOIT 500 G
  DE QUARTIERS COUPÉS À VIF ET LEUR JUS
❖ 900 G DE MANGUES, SOIT 500 G NET
❖ 1 KG DE SUCRE CRISTALLISÉ + 200 G
❖ 200 G D'EAU (20 CL)
❖ 2 ORANGES NON TRAITÉES
❖ 1 JUS DE CITRON
❖ 15 FRUITS DE LA PASSION

Pelez les mangues et ôtez-en les noyaux. Détaillez les quartiers de mangue en petits dés. Coupez les oranges à vif, entaillez les cloisons internes afin d'en retirer les quartiers. Veillez à presser soigneusement les cloisons pour recueillir tout le jus. Réservez les pépins dans une mousseline.

Dans une bassine à confiture, mélangez les dés de mangue, les quartiers d'orange et leur jus, le jus de citron, le sucre, ainsi que les pépins dans la mousseline, et portez au frémissement. Versez dans une terrine. Couvrez d'une feuille de papier sulfurisé et réservez au frais pendant une nuit.

Le lendemain, coupez les fruits de la passion en deux. Recueillez le jus et les pépins.

Lavez les deux oranges non traitées à l'eau fraîche et coupez-les en très fines rondelles. Dans une bassine à confiture, pochez ces rondelles avec 200 g de sucre et l'eau préparée. Maintenez l'ébullition jusqu'à ce que les

rondelles soient translucides. Ajoutez la préparation
d'oranges et de mangues, le jus et les pépins des fruits
de la passion. Portez à ébullition. Maintenez la cuisson
à feu doux pendant dix minutes en remuant
délicatement. Écumez soigneusement. Retirez la
mousseline. Redonnez un bouillon. Vérifiez la nappe.
Mettez votre confiture en pots aussitôt et couvrez.

Oranges au thé Earl Grey

- ❖ 1,100 KG ENVIRON D'ORANGES, SOIT 500 G DE JUS ET DE PULPE
- ❖ 900 G DE POMMES GRANNY-SMITH, SOIT 500 G DE JUS (50 CL)
- ❖ 1 KG DE SUCRE CRISTALLISÉ + 200 G
- ❖ 900 G (90 CL) D'EAU + 200 G (20 CL) + 200 G (20 CL)
- ❖ 2 ORANGES NON TRAITÉES
- ❖ 30 G DE THÉ EARL GREY
- ❖ 1 JUS DE CITRON

Rincez les pommes à l'eau fraîche. Retirez les queues et coupez-les en quatre sans les peler. Posez-les dans une bassine à confiture et couvrez-les de 900 g d'eau. Après ébullition, laissez mijoter pendant une demi-heure à feu doux. Les pommes seront tendres au toucher. Recueillez le jus en versant cette préparation dans un chinois fin et en pressant légèrement les fruits avec le dos de l'écumoire. Puis filtrez une seconde fois ce jus à l'étamine préalablement mouillée et essorée, en laissant le jus s'écouler librement. Il est préférable de laisser reposer ce jus pendant une nuit au frais.

Le lendemain, pesez 500 g du jus obtenu en laissant dans la terrine le dépôt qui s'est formé durant la nuit, afin d'obtenir une confiture plus claire.

Pressez les oranges. Vous en garderez la pulpe et le jus. Réservez les pépins dans une mousseline.

Lavez les deux oranges non traitées à l'eau fraîche et coupez-les en très fines rondelles. Dans une bassine à

confiture, pochez ces rondelles avec 200 g de sucre et 200 g d'eau. Maintenez l'ébullition jusqu'à ce que les rondelles soient translucides. Ajoutez le jus de pomme, le jus et la pulpe d'orange, le jus de citron, le sucre et les pépins dans la mousseline. Portez à ébullition. Maintenez la cuisson à feu doux pendant dix minutes en remuant délicatement.

Pendant ce temps, faites une infusion avec 200 g d'eau et le thé : versez l'eau chaude sur le thé et laissez infuser trois minutes. Écumez soigneusement. Retirez la mousseline de la bassine. Ajoutez l'infusion. Donnez à nouveau un bouillon. Vérifiez la nappe. Mettez votre confiture en pots aussitôt et couvrez.

Oranges au chocolat

- 1,100 KG ENVIRON D'ORANGES, SOIT 500 G DE JUS ET DE PULPE
- 900 G DE POMMES GRANNY-SMITH, SOIT 500 G DE JUS (50 CL)
- 900 G DE SUCRE CRISTALLISÉ + 200 G
- 900 G D'EAU (90 CL) + 200 G (20 CL)
- 2 ORANGES NON TRAITÉES
- 250 G DE CHOCOLAT NOIR
- 1 JUS DE CITRON

Rincez les pommes à l'eau fraîche. Retirez les queues et coupez-les en quatre sans les peler. Posez-les dans une bassine à confiture et couvrez-les de 900 g d'eau. Après ébullition, laissez mijoter pendant une demi-heure à feu doux. Les pommes seront tendres au toucher. Recueillez le jus en versant cette préparation dans un chinois fin et en pressant légèrement les fruits avec le dos de l'écumoire. Puis filtrez une seconde fois ce jus à l'étamine préalablement mouillée et essorée, en laissant le jus s'écouler librement. Il est préférable de laisser reposer ce jus pendant une nuit au frais.

Le lendemain, pesez 500 g du jus obtenu en laissant dans la terrine le dépôt qui s'est formé durant la nuit, afin d'obtenir une confiture plus claire.

Pressez les oranges. Vous en garderez la pulpe et le jus. Réservez les pépins dans une mousseline.

Lavez les deux oranges non traitées à l'eau fraîche et coupez-les en très fines rondelles. Dans une bassine à

confiture, pochez ces rondelles avec 200 g de sucre et 200 g d'eau. Maintenez l'ébullition jusqu'à ce que les rondelles soient translucides. Ajoutez le jus de pomme, le jus et la pulpe d'orange, le jus de citron, 900 g de sucre et les pépins dans la mousseline. Portez au frémissement.

Puis versez cette cuisson dans une terrine. Ajoutez le chocolat en copeaux et mélangez jusqu'à ce qu'il soit complètement fondu. Couvrez d'une feuille de papier sulfurisé et réservez au frais pendant une nuit.

Le troisième jour, portez à nouveau cette préparation à ébullition. Maintenez la cuisson à feu doux pendant dix minutes en remuant délicatement. Écumez soigneusement. Retirez la mousseline. Redonnez un bouillon. Vérifiez la nappe. Mettez votre confiture en pots aussitôt et couvrez.

Oranges et angélique
au miel de fleur d'oranger

- ❖ 1,200 KG ENVIRON D'ORANGES, SOIT 500 G DE JUS ET DE PULPE
- ❖ 900 G DE POMMES GRANNY-SMITH, SOIT 500 G DE JUS (50 CL)
- ❖ 600 G DE SUCRE CRISTALLISÉ + 200 G
- ❖ 900 G (90 CL) D'EAU + 300 G (30 CL)
- ❖ 200 G DE MIEL DE FLEUR D'ORANGER
- ❖ 100 G DE TIGES D'ANGÉLIQUE CONFITE
- ❖ 2 ORANGES NON TRAITÉES
- ❖ 1 JUS DE CITRON

Rincez les pommes à l'eau fraîche. Retirez les queues et coupez-les en quatre sans les peler. Posez-les dans une bassine à confiture et couvrez-les de 900 g d'eau. Après ébullition, laissez mijoter pendant une demi-heure à feu doux. Les pommes seront tendres au toucher. Recueillez le jus en versant cette préparation dans un chinois fin et en pressant légèrement les fruits avec le dos de l'écumoire. Puis filtrez une seconde fois ce jus à l'étamine préalablement mouillée et essorée, en laissant le jus s'écouler librement. Il est préférable de laisser reposer ce jus pendant une nuit au frais.

Le lendemain, pesez 500 g du jus obtenu en laissant dans la terrine le dépôt qui s'est formé durant la nuit, afin d'obtenir une confiture plus claire.

Pressez les oranges. Vous garderez la pulpe et le jus. Réservez les pépins dans une mousseline.

Lavez les deux oranges non traitées à l'eau fraîche et coupez-les en très fines rondelles. Rincez les tiges d'angélique pour ôter le sirop qui les enrobe et détaillez-les en bâtonnets de 1 cm d'épaisseur. Dans une bassine à confiture, pochez les rondelles d'orange et l'angélique avec 200 g de sucre et 300 g d'eau. Maintenez l'ébullition jusqu'à ce que les rondelles soient translucides. Ajoutez le jus de pomme, le jus et la pulpe d'orange, le jus de citron, 600 g de sucre, le miel et les pépins dans la mousseline. Portez à ébullition. Maintenez la cuisson à feu doux pendant dix minutes en remuant délicatement. Écumez soigneusement. Retirez la mousseline. Redonnez un bouillon. Vérifiez la nappe. Mettez votre confiture en pots aussitôt et couvrez.

Au printemps, vous réaliserez cette confiture avec des tiges d'angélique fraîche. De ce fait, vous ajouterez à la recette 100 g de sucre.

Gelée de pamplemousse rose

- ❖ 1 KG ENVIRON DE PAMPLEMOUSSES ROSES, SOIT 500 G DE JUS (50 CL)
- ❖ 900 G DE POMMES GRANNY-SMITH, SOIT 500 G DE JUS (50 CL)
- ❖ 900 G DE SUCRE CRISTALLISÉ
- ❖ 900 G (90 CL) D'EAU + 200 G (20 CL)
- ❖ 1 PAMPLEMOUSSE ROSE
- ❖ 1 JUS DE CITRON
- ❖ 1 PINCÉE DE SEL

Rincez les pommes à l'eau fraîche. Retirez les queues et coupez-les en quatre sans les peler. Posez-les dans une bassine à confiture et couvrez-les de 900 g d'eau.

Après ébullition, laissez mijoter pendant une demi-heure à feu doux. Les pommes seront tendres au toucher. Recueillez le jus en versant cette préparation dans un chinois fin et en pressant légèrement les fruits avec le dos de l'écumoire. Puis filtrez une seconde fois ce jus à l'étamine préalablement mouillée et essorée, en laissant le jus s'écouler librement. Il est préférable de laisser reposer ce jus pendant une nuit au frais.

Le lendemain, pesez 500 g du jus obtenu en laissant dans la terrine le dépôt qui s'est formé durant la nuit, afin d'obtenir une confiture plus claire.

Pressez les pamplemousses roses. Vous ne garderez que le jus passé au chinois fin. Réservez les pépins dans une mousseline.

Lavez à l'eau fraîche et brossez le pamplemousse rose réservé et prélevez-en des rubans de zeste à l'aide d'un économe.

Dans une casserole, pochez les zestes de pamplemousse avec 200 g d'eau et une pincée de sel. Rafraîchissez les zestes à l'eau froide et coupez-les en très fins bâtonnets. Dans une bassine à confiture, versez le jus de pomme, le jus de pamplemousse, le jus de citron, 900 g de sucre, les bâtonnets de zeste et les pépins dans la mousseline. Portez à ébullition. Maintenez la cuisson à feu doux pendant dix minutes en remuant délicatement. Écumez soigneusement. Retirez la mousseline. Redonnez un bouillon. Vérifiez la nappe. Mettez votre gelée en pots aussitôt et couvrez.

Potimarron à la vanille

- ❖ 1,300 KG DE POTIMARRON, SOIT 1 KG NET
- ❖ 900 G DE SUCRE CRISTALLISÉ
- ❖ 100 G D'EAU (10 CL)
- ❖ 2 GOUSSES DE VANILLE
- ❖ 1 JUS DE CITRON

Épluchez le potimarron. Fendez-le en deux et retirez-en les graines. Dans une terrine, mélangez le potimarron coupé en très fines lamelles, le jus de citron, l'eau préparée, le sucre et les gousses de vanille fendues sur leur longueur. Couvrez d'une feuille de papier sulfurisé et laissez macérer pendant une nuit. Le lendemain, versez cette préparation dans une bassine à confiture et portez au frémissement. Versez à nouveau dans une terrine. Couvrez d'une feuille de papier sulfurisé et réservez durant une nuit encore. Le troisième jour, portez cette cuisson à ébullition dans la bassine à confiture en remuant délicatement. Maintenez la cuisson pendant quinze minutes en remuant toujours. Écumez soigneusement. Retirez les gousses de vanille, que vous partagerez entre vos pots. Redonnez un bouillon. Vérifiez la nappe. Mettez votre confiture en pots aussitôt et couvrez.

Potiron et citrons caramélisés

- ❖ 1,200 KG DE POTIRON, SOIT 1 KG NET
- ❖ 1 KG DE SUCRE CRISTALLISÉ + 250 G
- ❖ 200 G D'EAU (20 CL)
- ❖ 250 G DE JUS DE CITRON (25 CL)
- ❖ 2 BEAUX CITRONS NON TRAITÉS
- ❖ 50 G DE MIEL DE FLEUR D'ACACIA

Épluchez le potiron. Fendez-le en deux et retirez-en les graines. Dans une terrine, mélangez le potiron coupé en très petits dés, le jus de citron, le sucre et le miel. Couvrez d'une feuille de papier sulfurisé et laissez macérer pendant une nuit.

Le lendemain, versez cette préparation dans une bassine à confiture et portez au frémissement. Versez à nouveau dans une terrine. Couvrez d'une feuille de papier sulfurisé et réservez durant encore une nuit.

Le troisième jour, passez les citrons sous l'eau fraîche et coupez-les en fines rondelles. Dans une bassine à confiture, pochez ces rondelles avec 250 g de sucre et l'eau préparée. Maintenez la cuisson jusqu'à ce que les rondelles soient translucides et que le sirop commence légèrement à caraméliser. Ôtez la bassine du feu. À l'aide d'une fourchette, retirez les rondelles caramélisées, que vous poserez sur une feuille de papier sulfurisé. Mélangez au caramel restant dans la bassine la cuisson de potiron. Portez à ébullition en remuant délicatement. Maintenez la cuisson pendant quinze minutes en remuant toujours. Écumez soigneusement.

Redonnez un bouillon. Vérifiez la nappe. Glissez les rondelles de citron mises de côté sur les facettes intérieures des pots (trois rondelles par pot). Mettez votre confiture en pots aussitôt et couvrez.

Pour caraméliser les rondelles de citron qui seront l'élément décoratif de vos pots, il est utile d'avoir une bassine à confiture large et à fond plat. Vos rondelles pourront ainsi être disposées à plat, les unes à côté des autres. Elles se déferont moins et atteindront ensemble le point de confisage et de caramélisation souhaité.

Dans la collection
Bien-Vivre :

❖ Paul Bocuse
BOCUSE DANS VOTRE CUISINE
Cuisine — FJ 7145-J
❖ Karen Christensen
LA MAISON ÉCOLOGIQUE
Maison — FJ 7152-K
❖ Jean-Pierre Coffe
LE MARCHÉ
Cuisine — FJ 7154-M
❖ Jean-Pierre Coffe
COMME À LA MAISON - 1
Loisirs — FJ 7144-J
❖ Sonia Dubois et Marielle Couësmes
LA COUTURE
Loisirs — FJ 7144-J
❖ Daniel Gélin
LE JARDIN FACILE
Nature — FJ 7143-L
❖ Marjorie Harris
UN JARDIN POUR L'ÂME
Nature — FJ 7149-G
❖ Karen Kingston
L'HARMONIE DE LA MAISON PAR LE FENG SHUI
Maison — FJ 7158-J
❖ Marie Rouanet
PETIT TRAITÉ ROMANESQUE DE CUISINE
Cuisine — FJ 7159-K
❖ Roger Tabor
COMPRENDRE SON CHAT
Nature — FJ 7153-J

Achevé d'imprimer en Europe (Allemagne)
le 26 février 1999 par Elsnerdruck à Berlin
Dépôt légal : février 1999
ISBN : 2-290-07162-5

Éditions J'ai lu
84, rue de Grenelle, 75007 Paris
Diffusion France et étranger : Flammarion